Du même auteur* :
– *Prières de vie de l'Empereur Jaune* (I)
– *Prières de guérison de l'Empereur Jaune* (II)
– *Prières de soutien de l'Empereur Jaune* (III)
– *Prières de secours de l'Empereur Jaune* (V)

* *Les Prières de l'Empereur Jaune* réunit les volumes I à III.

Avertissement. Le contenu de ce livre ne peut en aucun cas se substituer à un avis, diagnostic ou traitement médical professionnel. Vous devez toujours consulter des professionnels de la santé et suivre leur avis sans délai quel que soit le contenu de ce livre, qui n'est pas médical. Nous ne pouvons donc aucunement être tenus pour responsables des conséquences éventuelles qu'il pourrait engendrer. Chaque lecteur assume le risque et la responsabilité pour l'ensemble de ses actions et choix.

ISBN : 978-1-913191-49-8
Dépôt légal : 1er trimestre 2025

Talma Studios International Ltd.
Clifton House, Fitzwilliam St Lower
Dublin 2 – Ireland
www.talmastudios.com
info@talmastudios.com
© All rights reserved. Tous droits réservés.

Amaya Chu Shen

LES PRIÈRES DE L'EMPEREUR JAUNE

Note de l'éditeur

Dans ce livre, nous présentons les trois volumes de prières, soit près de 260 au total, dans l'ordre où nous les avons reçus de l'Empereur Jaune et publiés : *Prières de Vie*, *Prières de guérison* et *Prières de soutien*.

Les prières devant être récitées avec la force de l'intention, nous avons pris soin lors de la mise en page qu'elles ne soient pas coupées, d'où des blocs parfois blancs. Lorsqu'elles sont trop longues pour tenir sur une seule page, nous les avons placées en page de gauche, afin qu'elles se terminent en page de droite.

En plus de la table des matières, nous avons ajouté un index par ordre alphabétique pour les prières liées à la santé, afin que vous puissiez les retrouver plus facilement, compte tenu de leur nombre.

Pour le reste, il n'y a quasiment aucune modification par rapport au texte des éditions originales. Nous avons même repris la page de titre, comme vous pouvez le constater sur la page suivante, qui marquera le passage d'un livre au suivant.

Notre souhait désormais : que ces prières vous apportent, à vous et à vos proches, au-delà de ce qui est imaginable, comme l'est ce chemin avec l'Empereur Jaune.

Patrick Pasin
Éditeur

Amaya Chu Shen

PRIÈRES DE VIE
DE L'EMPEREUR JAUNE

Présentation

Des êtres exceptionnels apparaissent à toutes les époques, notamment dans le domaine de la santé. Alors, pourquoi ne pas essayer de nous connecter à eux pour faire bénéficier l'Humanité de leur lumière, même longtemps après leur départ ? Évidemment, ce projet semblera insensé à tout esprit limité par la raison, mais pourquoi ne pas oser lorsque l'enjeu est le bien-être de tous ?

Hildegarde de Bingen (1098-1179) s'imposa en priorité : bien que mal connue du grand public, elle fait partie des personnages les plus fascinants de tous les temps, en témoignent, entre autres, ses œuvres qui font d'elle la première naturopathe européenne de l'histoire. La communication fut fluide, mais elle nous répondit avoir terminé son temps.

Ensuite, notre choix se porta avec enthousiasme vers l'Empereur Jaune (黄帝, Huángdì), le premier des cinq empereurs mythiques ayant vécu au IIIe millénaire avant Jésus-Christ, considéré comme le père de la civilisation chinoise. Des livres majeurs lui sont attribués, dont les *Quatre Livres de Huangdi* (黃帝四經), mais, surtout, par rapport à notre objectif de santé universelle, le *Huangdi Neijing* (黄帝内经) ou *Classique interne de l'Empereur Jaune*, qui fonde la médecine traditionnelle chinoise. En effet, Huángdì est réputé en être le créateur.

Aussi surprenant que cela puisse paraître, « il » nous répondit. Quelle preuve avons-nous qu'il s'agisse bien de lui ? La réponse coule de source : « Aucune. » Tout simplement parce que nous ne nous situons pas dans le champ de la recherche scientifique, où l'on doit reproduire des expériences dans les mêmes conditions pour obtenir le même résultat. De plus, ce qui nous intéresse est le résultat, pas l'explication, car elle nous transcende. D'ailleurs, la situation est facile à comprendre puisqu'elle se déroule en trois actes : 1. nous avons demandé à un être ayant quitté ce monde depuis des millénaires d'aider l'Humanité sur le plan de la santé ; 2. nous avons reçu des réponses ; 3. nous les livrons.

Elles sont arrivées sous plusieurs formes, dont ces *Prières de vie de l'Empereur Jaune*. Nous ne les avons pas spécifiquement sollicitées, puisque notre question initiale était simplement : « Empereur Jaune, peux-tu aider l'Humanité à aller mieux ? » Ainsi que vous le découvrirez, elles incluent d'autres thématiques que la santé, et n'ont rien de religieux, car elles ne sont pas à la gloire de Huángdì, qui n'y est jamais invoqué.

Nous les avons testées, sur nous d'abord. Puis nos proches ont essayé aussi, avant que nous les proposions au public. Pour autant, nous n'avons pas ajouté leur témoignage : nous les considérons sans valeur pour le lecteur, car seule compte l'expérience personnelle en la matière. En effet, si telle prière a fonctionné pour telle personne dans telles circonstances – d'ailleurs, qui peut affirmer qu'elle en est réellement la cause ? –, il n'y a aucune garantie de résultat pour quiconque et sur quelque sujet que ce soit. En conséquence, il est hors de question d'abandonner vos traitements médicaux et vos soins habituels, d'autant plus que nous ne vous demandons pas de nous croire : nous relatons seulement ce processus que nous avons initié et partageons ces prières telles qu'elles sont arrivées. À chacun(e) de les découvrir et d'en décider l'usage.

Enfin, sachez que ces échanges ont été accompagnés de moments magiques, d'émotions indescriptibles et de synchronicités inexplicables. Notre souhait le plus profond : au-delà des bienfaits que ces prières sont censées vous apporter, que ce monde merveilleux illumine aussi votre vie.

Patrick Pasin
Éditeur

P. S. À l'exception des notes de bas de page, chaque mot à venir provient de l'Empereur Jaune – en tout cas, l'être connu sous ce nom depuis cinq millénaires à qui nous nous sommes adressés –, même le classement par thème, l'ordre des prières, les explications... Tout. Quant à la ponctuation, ne soyez pas surpris : il a souhaité qu'elle soit minimale.

Nous lui avons demandé aussi de rédiger une introduction. Quoi de plus « normal », n'est-ce pas ? C'est donc maintenant que tout commence.

Introduction

Nous sommes tous doués de capacités extrasensorielles. Nous possédons tous la faculté d'aider à la guérison par le pouvoir de l'intention ou de la prière.
Dénuée de son aspect religieux, la prière est un moyen puissant de se connecter consciemment aux énergies. Les mots délivrent leurs bulles de sens et de symboles, ils atteignent les profondeurs de l'âme.
Cette pensée dirigée en appelle au bon, l'espoir est son vecteur de détermination. C'est lui qui permet la persévérance, la réunion des énergies en un même point de délivrance.
Le recueillement, l'entrée profonde en soi-même est nécessaire, car c'est à l'intérieur que brûle le feu sacré de la compréhension de la Vie.
De tous temps, chamans, sorciers, druides ont accompagné leurs soins du Verbe sacré pour insuffler la force à leurs protocoles.
Ces prières sont des alliées extraordinaires et précieuses.
Elles autorisent toute personne à s'engager pour le bien de l'Humanité, attitude altruiste qui délivre l'ego de ses voiles aux satisfactions éphémères.
Chaque prière prononcée avec conviction emportera sur ses ailes de messagère la certitude que l'Univers offrira le plus juste à l'individu. Et nous devons avoir la sagesse d'accepter ce qui est.
C'est dans cette confiance mutuelle que naissent les miracles.

L'Empereur Jaune

Prier

Lorsque l'on souhaite obtenir l'aide d'une prière, il est essentiel d'orienter l'intention. D'abord, il est nécessaire de se focaliser mentalement sur le sujet ou la zone (s'il s'agit d'un soin) à traiter, c'est-à-dire avoir une pensée à l'endroit où l'on souffre. Ensuite, il ne suffit pas seulement de lire les mots : c'est en les répétant en boucle qu'ils agissent. Les psalmodier gaiement. Ils acquièrent aussi plus de puissance s'ils sont prononcés avec profondeur et l'intention réelle d'obtenir la « guérison » du corps ou de l'esprit.

Il est important de maintenir tout au long de la journée une pensée en lien avec la demande. Nous pouvons reprendre la prière pour la réciter, mais nous pouvons utiliser d'autres moyens de garder le fil. C'est pourquoi il est intéressant de créer un endroit dédié chez soi où l'on peut déposer la prière, une photo de nous ou de la personne pour laquelle nous demandons la réalisation, des bougies ou tout autre objet symbolisant ce continuum et le fait que nous tenons un engagement au travers de la prière.

La santé

Prière pour la pensée créatrice en santé

Cette prière s'adresse aux personnes malades qui désirent insuffler le mantra de la guérison en elles. Elle permet de prendre conscience des liens qui existent entre corps et esprit. Elle invite à développer la foi en nos forces protectrices et en la puissance de notre mental.
À réciter matin et soir (plus si souhaité) durant la période de traitement et la convalescence.

Pensée magique ou pensée illusoire
Ma pensée est ma foi
Finies ses accroches avec mon mental
Ma pensée se dirige vers mon cœur
Je reçois cette pensée d'amour, de paix et de guérison

Installée au fond de mon cœur, elle irradie
Elle communique à mes organes
Que l'énergie de mon corps est stable et pure

Je n'ai plus à m'en faire
L'Univers travaille pour moi
Il maintient la pureté des fils conducteurs
Et nourrit chacun de mes organes

Mon corps ne fabrique plus rien
Qui ne lui soit nécessaire pour fonctionner
en harmonie
Je suis sain(e) d'esprit et de corps

Prière pour le maintien en santé

Cette prière agit pour la prévention. Elle s'adresse à toute personne désireuse de conserver un excellent état de santé.
À réciter régulièrement une fois par jour durant une période de dix jours. À renouveler tous les mois. Chacun peut adapter son protocole en fonction de son ressenti.
Rappelons que la force d'une prière est la répétition. La réciter une fois aura donc moins d'impact que prononcée plusieurs fois et en conscience.

Énergies impalpables
Sachez œuvrer
Pour que mon corps et mon esprit
Fonctionnent en harmonie
Oubliant les contraintes
Et les limitations

Esprit vaporeux
Biochimie en éveil

Je suis un être heureux
Qui possède toutes les compréhensions
Je rends grâce aujourd'hui
Pour l'équilibre et la vie qui me traverse

Prière pour la douleur

Cette courte prière s'adresse à toute personne ressentant une douleur vive et pénible. Elle peut aussi servir de mantra pour les douleurs chroniques.
À réciter autant de fois que nécessaire.

> Maîtres de l'Univers inconnus et bienfaiteurs
> Agissez pour moi
>
> Que d'une enclume
> La douleur soit transformée en plume

Prière pour optimiser une opération chirurgicale

Cette prière peut être utilisée par toute personne ayant à subir une opération chirurgicale. Elle permet d'optimiser la qualité du soin et les chances de récupération.
À réciter matin et soir les jours précédant l'opération si celle-ci est programmée. Pendant la durée de l'opération, laisser une photo de la personne à l'intérieur du livre sur la prière dans un endroit de recueillement dédié. Reprendre la prière une fois l'opération terminée, deux fois par jour, matin et soir minimum ou plus si nécessaire jusqu'à guérison.

Maîtres guérisseurs, anges du soutien
C'est avec une confiance absolue
Que je vous confie mon corps
Qui va subir une opération pour … (décrire ou nommer l'opération)
Je suis vulnérable, sans maîtrise
Alors je compte sur vous

Baignez-moi de votre présence
Pour que l'opération réussisse
Avec l'accord bienheureux de chacune
de mes cellules

Que ma convalescence rayonne
Sous le soleil étincelant de la guérison

Que je sois transformé du corps à l'esprit
Du cœur à l'âme
Car tout est lié au Tout

Prière pour la santé d'un proche

Cette prière sera utile à toute personne souhaitant envoyer de bonnes pensées de rétablissement à un proche.
À réciter durant toute la durée du traitement et de la convalescence une fois par jour. Le reste de la journée, poser à l'intérieur du livre sur la prière une photo de la personne malade avec une bougie blanche allumée à proximité le plus souvent possible.

Ô amis de l'Univers
Aujourd'hui, j'ai besoin de vous auprès de …
(nom de la personne)
Qui souffre de … (nommer le mal)

De vos mains magiques
Faites circuler l'énergie

Libérez les barrières
Pour que le flot continu de la vie
Retrouve son sillon fleuri

Faites briller les lampions de la guérison
Agitez les drapeaux de l'appel à l'aide

… (nom de la personne) a besoin de vous
Pour retrouver la chanson qui est la sienne

Je vous remercie pour votre présence
Active et rassurante
Et m'en remets à vous
Avec confiance et amour

Prière pour les énergies nocives

Cette prière est préconisée lorsque la personne se sent affaiblie, influençable ou en état de soumission dans des relations toxiques.
Elle permet à l'individu de retrouver son énergie propre. Les énergies parasites sont considérées comme nocives car ne faisant pas partie de l'être. Ainsi, par la force de l'intention, la personne convoque à elle les meilleures forces.
À réciter lentement en s'imprégnant de chaque mot au minimum deux fois par jour jusqu'au mieux-être.

Ô toi, source pure, lumineuse et irradiante
Toi qui animes mon être
Toi qui es le souffle

Incorpore mon être de toute ta puissance
Incorpore mon mental de toute ta présence
Afin qu'aucune autre puissance ne s'infiltre

Tu es lumière, joie et force de vérité
Tu es l'Unique, le sensible et l'amour

Tu fleuris chaque être
Et ne te laisses envahir par aucune mauvaise herbe
Tu es l'Unique, la joie et l'amour
La seule énergie
Dont mon corps et mon esprit ont besoin

Je t'accueille en moi et repousse toutes les autres
Tu es l'Unique, la joie et l'amour

Je ne m'accroche qu'à toi
Sauveur et guérisseur venu de l'éternité

Prière pour la circulation des fluides
(activation du chi du cœur)[1]

Cette prière et les exercices qui l'accompagnent s'adressent à toute personne dont la santé est affaiblie par un environnement toxique, empêchant les fluides vitaux de circuler librement. Elle permet la restauration des circuits par l'activation du chi du cœur.
À réciter matin et soir pendant toute la durée de l'inconfort.

Pour stimuler le chi du cœur :
– sur le chakra du cœur, entre les deux seins, déposer quelques gouttes d'huile végétale[2] mêlée à trois gouttes d'huile essentielle de mandarine. Prendre quelques instants pour s'imprégner de cette délicieuse odeur.
– s'installer confortablement, en position assise ou couchée ;
– se grandir pour étirer toute la colonne vertébrale ;
– ouvrir son cœur en redressant les épaules ;
– placer sa main droite sur le ventre (sur le nombril) et la main gauche sur le cœur ;
– inspirer généreusement, poumons et ventre (compter jusqu'à 5) ;
– maintenir l'inspiration (compter jusqu'à 2) ;
– expirer lentement (compter jusqu'à 5) ;
– répéter ce cycle cinq fois minimum.

---

1. NdÉ : Le chi est un fluide non perceptible qui crée et anime l'univers et toute forme de vie, dans les cultures asiatiques.
2. NdÉ : L'huile d'amande douce se prête très bien à ce protocole, mais peut être remplacée par tout type d'huile végétale, dont l'huile d'olive vierge.

Prière pour la circulation des fluides
(activation du chi du cœur)

Médecin du ciel, protecteur et éveilleur
Aide mes fluides et flux
À se réguler

Pulsation parfaite dans les tunnels enserrés
Les fluides me donnent souplesse et agilité

Aide-moi à dissoudre les plaques
À disloquer les déchets
Pour que mon corps respire à sa mesure

Emmène-moi sur les sillons de la paix
Où aucun blocage ne viendra freiner ma course

Je me remets entre tes mains
Avec tout mon amour

Prière pour les miracles

Cette prière permet de convoquer en toute sécurité les instances invisibles qui œuvrent pour concourir au bien de l'Humanité. Pour la personne qui récite cette intention, il s'agit d'une profession de foi accompagnée d'un lâcher-prise total. Le miracle n'est pas obligatoire, il intervient quand tous les paramètres sont justes pour l'être.
À réciter deux fois par jour (ou plus si l'on en ressent le besoin), en pensant fortement à la personne en difficulté. Le reste de la journée, poser à l'intérieur du livre sur la prière une photo de la personne malade avec une bougie blanche allumée à proximité le plus souvent possible.

Prière pour les miracles

Accueille d'abord toutes les compréhensions
Accepte ensuite l'intelligence de la vie
Accueille avec certitude qu'il existe une logique
Accepte avec humilité de ne pouvoir tout percevoir
Ta demande est-elle juste ?

Tu peux maintenant prier
Pour que l'aura de lumière t'enveloppe
    (ou enveloppe ... nom de la personne)
Par la force de cette intention
Maîtres, guides et protecteurs
Accordez-moi ce miracle
Que votre flèche d'amour et de vérité
Décochée avec la plus grande précision
Atteigne le mal
Pour le désintégrer, l'annihiler, le transformer

Puissent toutes les armées du bien
Allumant leurs torches à l'unisson
Me guérissent (ou guérissent ... nom de la personne)
De ce qui me (le/la) fait souffrir
Et qu'elles susurrent à mes oreilles
Les conseils avisés
Pour que ce chemin ne soit pas vain
Pour qu'il soit celui de l'avènement
De l'ouverture et de la clarté

Prière pour optimiser une préparation de soin

Cette prière est destinée à renforcer l'efficacité des traitements et insuffler l'intention de guérison. Elle s'adresse aux médecins, thérapeutes, mais aussi à toute personne désirant optimiser les chances de succès de son traitement.
Si la taille des médicaments le permet, il est possible de les placer durant toute la durée du traitement à l'intérieur du livre sur la prière. À réciter sur l'instant pour tout traitement irrégulier. Peut s'utiliser à la maison comme à l'hôpital.

Élixir de vie
Philtre de l'amour divin
Sois le nectar
Sois le miracle

Décuple ta puissance par la grâce
Et génère des ondes de guérison vibrantes

Chaque parcelle de peau ou de muqueuse
Chaque cellule est à ton écoute

Et s'emplit de ton énergie bienfaitrice

La croissance spirituelle

Prière pour le jour qui se lève

Cette prière est destinée à éveiller l'âme au commencement d'une nouvelle journée. Elle permet de s'emplir d'énergies positives, de s'en remettre aux plus hautes sphères et de rendre grâce.
À réciter le matin au réveil, face au Soleil ou en direction du soleil levant si l'on ne peut l'apercevoir.

Ô jour précieux qui se lève
Accueille mon être en éveil
Irradie mon corps et mon âme
De ton énergie dynamisante

Permets-moi d'accomplir la volonté divine
À travers mes pensées, mes paroles et mes actes

Que mon être soit ouvert
Au passage de la Source
Avec confiance et lâcher prise

Tout a une direction
Et je prends le chemin
Le plus juste

Prière pour retrouver la foi, l'énergie

Cette prière est à prononcer par toute personne qui se sent déstabilisée, bousculée dans ses repères, ayant perdu confiance en elle et en la vie. Elle permet de se raccrocher à l'énergie divine pour retrouver sens et vigueur dans sa vie.
À réciter matin et soir durant un minimum de dix jours. Renouveler si nécessaire.

Ô clarté céleste
Toi qui engendres la vie
Ta force se répand en moi
M'inonde et me canalise
Elle attise mes pensées
Semant joie et amour

Redonne-moi la foi en ta puissance
Permets-moi de guérir de ce qui doit mourir
Car ce n'est pas toi, ce n'est pas moi

Protège-moi des abîmes obscurs
Rapproche-moi de la rive salvatrice
Place devant moi les phares de la sagesse
Et romps le pacte de l'illusion
Pour qu'enfin j'existe

Donne-moi le courage de puiser en toi
L'oxygène de la vie
Entoure-moi solidement de tes bras enchanteurs
Je ne trouve refuge qu'en toi

Je mérite pleinement que tu prennes soin de moi
J'accepte que ton énergie enthousiaste
Installe la paix en moi
Merci

Prière pour la volonté, la détermination
(activation du chi du rein)

Cette prière et les exercices qui l'accompagnent s'adressent à toute personne désireuse de renforcer sa volonté et sa détermination. Elle permet l'activation du chi du rein.
À réciter le matin au réveil jusqu'à percevoir un mieux-être.

Pour stimuler le chi du rein :
– masser les plantes des pieds avec quelques gouttes d'huile végétale et trois gouttes d'huile essentielle de romarin des montagnes et de laurier ;
– s'asseoir sur le bord d'une chaise ;
– se pencher légèrement en avant et placer ses mains au-dessus des reins, les doigts au niveau de la colonne vertébrale. Il faut sentir ses pouces sous les dernières côtes ;
– inspirer profondément par les reins comme si l'on voulait déplacer les mains. Tout l'espace abdominal est gonflé ;
– expirer en le vidant ;
– réaliser l'exercice durant deux à trois minutes.

> Forces de l'invisible en puissance
> Offrez-moi votre ténacité infaillible
> Faites que de mol(le)
> Je devienne inébranlable

Prière pour développer l'intuition

Cette prière est adaptée pour toute personne souhaitant développer son intuition et son acuité à percevoir les éléments impalpables.
À réciter matin et soir durant une période de dix jours. À renouveler si besoin.

Le Ciel et la Terre ne font qu'un
L'en-haut et l'en-bas sont frères
Mon esprit ne connaît plus de mesure

L'information illimitée me parvient
Je place ma main
Sur la rampe lumineuse

Ô anges facilitateurs, assurez ma protection
Tenant à distance
Les âmes égarées et autres parasites
Dans l'orchestre de mon être

Reste à accorder le cœur
Telle une boussole fiable
Il saura me guider
Avec justesse et droiture

Prière pour la vue claire
(activation du chi du foie)

Cette prière et les exercices qui s'y rattachent est préconisée lorsque l'on veut gagner en perception juste des situations. Les personnes qui s'en imprègnent ont à cœur d'être les plus efficaces possible dans leur analyse, tout en soumettant leur jugement à la Source.
À réciter matin et soir en ayant à l'esprit la situation. Cesser dès que la vision est claire et que les décisions s'entrevoient.

Pour stimuler le chi du foie :
– appliquer quelques gouttes d'huile végétale mêlée à trois gouttes d'huile essentielle d'angélique sous les côtes en regard du foie et imaginer sur cette zone un paysage net et agréable ;
– respirer calmement ;
– puis effectuer cet exercice de respiration : debout ou assis si l'on connaît bien l'exercice, prendre un point fixe à quelques mètres devant soi ;
– inspirer profondément par le nez et le ventre ;
– souffler d'un coup sec et maîtrisé, comme si l'on voulait décocher une flèche sur notre cible. La force vient de l'abdomen et non des poumons ou du cou ;
– attendre que l'inspiration suivante se manifeste spontanément tout en restant détendu et répéter quatre fois l'exercice ;
– l'ensemble de la session peut être reproduite trois fois à la demande.

Prière pour la vue claire
(activation du foie)

Âme guerrière
Cesse de lutter pour l'évanescence
Mets-toi en position et prie :

Ô Univers merveilleux
Sagesse ancestrale
Je me connecte à toi
Afin que tu m'offres le discernement

Ma vue perçante
Déchire le voile de l'illusion

Le panorama de la vérité me fait face
Que chaque vision soit la tienne
Conforme au plan divin
Guide-moi pour reconnaître
Les atours séduisants
De la peur et de l'interprétation faussée
Que ma perspicacité soit ma flèche

Prière pour les bons choix

Cette prière s'adapte aux personnes hésitantes, peu sûres de leurs capacités à faire des choix. Elle permet la lucidité et la mise à l'écart de l'ego.
À réciter deux fois par jour tant que dure l'indécision.

Guides supérieurs du monde céleste
Anges de bonté et de générosité
Je me place à vos côtés
Pour écouter

Aidez-moi à reconnaître
Avec perspicacité

Aidez-moi à opter
Pour la meilleure solution

Aidez-moi à embrasser
Tous les possibles
Avec raison et sans regrets

Que ce choix soit en accord
Avec les lois de l'Univers
Pour magnifier mon être
Et l'aider dans sa réalisation

Merci

Prière pour l'ancrage et la concentration

Cette prière s'adresse à toute personne qui présente des difficultés de concentration ou d'ancrage. Elle permet de se stabiliser et de restaurer les compétences pour une meilleure adaptation à l'environnement. Elle peut être largement employée avec les enfants présentant des troubles attentionnels. À réciter le matin au réveil pour un début de journée en conscience. À répéter jusqu'à apaisement des symptômes.

Que mon esprit arrête sa course
Qu'il se place sur son trône
Maître de ses turbulences
Calme et présent au monde

J'écoute et observe
Tous mes sens sont en éveil

Je suis les rails de la persévérance
Je conduis le train de l'endurance
et de la constance

Pour atteindre la gare de mes objectifs

Les sentiments

Prière pour les émotions

Cette prière est destinée aux personnes émotives par nature ou ponctuellement bouleversées par une situation. Elle permet l'acceptation de l'état de déséquilibre d'abord, puis de quitter les sentiers de la plainte.
À réciter matin et soir en période d'hypersensibilité accrue ou sur le moment d'une situation désagréable. Renouveler autant de fois que nécessaire jusqu'au mieux-être.

Ange céleste, maître de paix
Quel est ce vacarme qui gronde au fond de moi ?
Je me suis égaré de ma condition infinie
Celle qui maîtrise la connaissance en toute chose

J'ai besoin de me recentrer
De me reconnecter à l'âme
Qui habite cet espace corporel

Je ne suis pas la pensée, fulgurante et impulsive
Je suis la sagesse, la tempérance
Illumine chaque parcelle de mon esprit
Avec tes lampions de lucidité
Pour que je ne confonde pas ego et vérité
Détache avec moi
Les lianes de colère, de tristesse ou de rancœur
Car elles enserrent mon âme et l'étouffent

J'ai besoin de toi, ange précieux
Pour me faire connaître mes faux pas
Les émotions que je ressens
Ne sont qu'une interprétation
D'autres joueraient ce rôle bien différemment
Alors, je choisis ta voix pour écouter
Ta voix pour m'exprimer

Prière pour la tristesse

Cette prière est efficace pour toute personne ressentant un épisode de tristesse ou de déprime passagère. Elle redonne confiance.
À réciter autant de fois que désiré dans les épisodes de tourmente (deux fois par jour minimum, matin et soir).

Mon corps est une tristesse
Gémissant, s'égarant
Dans les limbes oubliés de mon cœur
L'abîme est grand, les parois trop lisses
Tu me l'as dit un jour :
« Surtout ne pas sombrer »

Donne-moi l'indispensable élan
Pour soigner mon âme blessée
Soutiens-moi tel l'ami constant
Grâce divine imperturbable

Prends soin de moi
Dans cet instant tourmenté
Place devant moi les pas éclairés
Dans lesquels je marcherai
Vers le renouveau

Prière pour la peur

Cette prière est à utilisée par toute personne en proie à des sentiments de peur. Elle permet de retrouver calme et apaisement. Elle peut s'employer auprès d'enfants, car, même si elle est difficile à comprendre, les mots joueront leur rôle de guérison.
À réciter sur l'instant ou une fois par jour s'il s'agit d'une impression diffuse. À renouveler autant que souhaité jusqu'au mieux-être.

La peur m'étreint
Elle m'envahit
Me réduit à néant
Quel est son message ?
Quelle évidence veut-elle que je regarde ?

Dans mon monde intérieur
Je me réfugie
Un dôme protecteur et solide
Délimite mes espaces

Ô merveilleux guides de l'infini
Freinez mon esprit vagabond
Ordonnez-lui de s'asseoir bien sage
Et de contempler la vie

Je m'arrête et dépose
Sur l'écran de mon avenir
Les prémisses de la métamorphose

Prière contre la jalousie

Cette prière s'adresse à toute personne en proie à des sentiments de jalousie. Elle permet de relativiser et de projeter des pensées d'amour.
À réciter lorsque le cœur s'étreint, en toute conscience. Si le mal-être est diffus, augmenter les prières au rythme de deux fois par jour. Cesser lorsque le sentiment de jalousie a disparu.

Ô maître de sagesse
Mon être est disloqué
La jalousie me ronge
Et je ne me retrouve pas

Le labyrinthe étroit
Entortille ses lacets infernaux
Et la sortie ne m'apparaît plus

Ma vision est déformée
Ma pensée s'est enfermée
Je veux quitter cette prison des émotions

Permets-moi de prendre mon envol
D'observer et de canaliser
Pour explorer la terre fleurie
De mes sentiments les plus purs

Prière de détachement (pour les personnes)

Cette prière est destinée aux personnes ne parvenant pas à se détacher d'une relation. Elle permet de se décentrer et de canaliser son énergie vers d'autres buts.
À réciter deux fois par jour, en s'aidant d'une photo de la personne seule si besoin. À renouveler autant de fois que nécessaire.

>Mon Père, ma source de vie
>Par cette prière, je te demande de m'aider
>À me détacher de celui/celle
>Qui m'a amarré(e) à lui/elle
>
>Ses cordages sont serrés
>Mais grâce à toi, je peux les rompre
>Afin de retrouver le plein contrôle de mon être
>
>Il/Elle ne contrôle plus ma vie
>Ni mes pensées
>Il/Elle est individu
>Prenant son envol vers d'autres sphères
>d'autres relations
>Et moi, je me relie à toi pour fusionner
>Je ne garde en moi que le meilleur
>Que les souvenirs que je fais grandir
>
>Je n'arrose que les fleurs du bonheur
>Afin de me créer un espace joyeux
>Le reste s'envole avec cette prière
>Et la lumière emplit l'espace qui se libère
>
>Je suis un/une avec moi-même
>Je suis fier/fière de moi et de mon accomplissement
>Je peux fonctionner
>Comptant sur mes ressources internes puissantes
>
>Je te remercie

Prière de détachement (pour les situations)

Cette prière s'adresse aux personnes en proie à une situation qui leur paraît inextricable. Malgré tous leurs efforts pour s'en détacher, elle continue de distiller en eux de mauvaises pensées, des comportements inadaptés ou souffrants.
À réciter deux fois par jour en conscience jusqu'à mieux être par rapport à la situation.

>Mon Père, ma source de vie
>Par cette prière, je te demande de m'aider
>À me détacher de cette situation
>(citer brièvement la situation)
>Qui m'a amarré(e) à elle
>
>Ses cordages sont serrés
>Mais grâce à toi, je peux les rompre
>Afin de retrouver le plein contrôle de mon être
>
>Elle ne contrôle plus ma vie
>Ni mes pensées
>Je me relie à toi pour fusionner
>
>Je n'arrose que les fleurs du bonheur
>Afin de me créer un espace joyeux
>Le reste s'envole avec cette prière
>Et la lumière emplit l'espace qui se libère
>
>Je suis un(e) avec moi-même
>Je suis fier(e) de moi et de mon accomplissement
>Je peux fonctionner
>Comptant sur mes ressources internes puissantes
>
>Je te remercie

Prière pour dénouer une relation conflictuelle

Cette prière est destinée à toute personne qui se sent prisonnière d'une situation conflictuelle. Par ces mots, elle témoigne d'un désir profond de s'engager dans une relation de respect et de paix.
À réciter deux fois par jour, matin et soir, en visualisant la personne concernée ou avec l'aide de sa photo, jusqu'à résolution du conflit.

> Qui vois-je ? Que vois-je ?
> Puissé-je prendre de la hauteur
> Et m'exiler un instant
> Découvrir dans mon être profond
> Les raisons de la passion
>
> Est-ce possible de partager
> Doutes, colère, ressentiments ?
> Est-il pensable d'y mettre un peu d'amour ?
>
> Ma volonté est de développer en mon cœur
> Compassion, compréhension et discernement
>
> Tel l'aigle affairé à la chasse
> Je poursuis mon objectif
> Celui de ne pas blesser
> Tout en sachant m'exprimer
>
> Chères protections divines
> Faites que de pensées éphémères
> Mes résolutions frayent un chemin
> De réconfort et de paix

Les âges de la vie

Prière pour l'accueil d'une nouvelle âme

Cette prière s'adresse à toute personne souhaitant placer une naissance sous les meilleurs auspices. Elle permet accueil et protection de l'enfant.
À réciter le matin à la convenance et au rythme de chacun.

Une nouvelle âme
Au pétillement de la vie
A choisi de germer
Comme un lever de soleil tout neuf
Un printemps heureux tant attendu

Que ces nouvelles cellules frémissantes
Battent d'un même unisson
Amenant sur Terre
Un petit être tout menu

Que les protections divines
Ouvrent leurs parachutes de soie
Pour une existence dorée et colorée

La guilde éternelle des anges dévoués
Déroule son tapis de bienvenue
Et attise une par une
Les lumières féeriques de l'amour

Prière pour les stades de l'enfance

Cette prière s'adresse aux parents souhaitant aider leurs enfants à passer les caps de l'enfance. Elle permet acceptation et dépassement de soi pour grandir en sécurité.
À réciter une fois au réveil le temps de la période de perturbations. La photo de l'enfant peut être posée à l'intérieur du livre sur la prière durant la journée.

Je grandis
Bientôt je serai un homme (ou une femme)
Vois comme je m'étire, comme je m'élance
Aide-moi à franchir les rocs
Les montagnes invincibles
Aide-moi à franchir
Les lacs frémissants
Les océans indomptables
Ouvre avec moi la malle aux trésors inédits
Raconte-moi encore les merveilles qui m'habitent

En moi coule la source du bonheur
Claironnant dans son tumulte arrogant
Que je suis valeureux(se) et foisonnant(e)

Je franchis les étapes de la vie
Je suis confiant(e) et rassuré(e)

Prière pour les adolescents

Cette prière s'adresse à toute personne désireuse d'aider un adolescent à progresser dans les stades d'évolution vers l'âge adulte. L'adolescent lui-même peut réciter cette prière dans les moments de doute et d'incompréhension.
À réciter le matin pendant toute la durée de la perturbation. La photo de l'adolescent peut être posée à l'intérieur du livre sur la prière durant le reste de la journée.

Étape décisive dans mon corps changeant
Mes repères bougent
Et je ne me reconnais plus
Tantôt effervescent, tantôt recroquevillé
J'attends que s'installe en moi
Les piliers de ma vie
J'ai besoin de force et d'audace
Je ne sais pas toujours comment dire
Alors écoute le chant timide de mon cœur
Puisses-tu lui offrir en écho
La récolte de tes expériences
J'appelle qui je suis
Je ne sais pas qui répond

Dans cette aventure bouleversante
Appose tes joyaux d'amour
Pour me rendre stable et paisible

Prière pour une ménopause sereine

Cette prière est efficace pour aider les femmes traversant les sentiers de la ménopause. Elle permet une autre vision de ce passage et restaure la confiance en son féminin sacré.
À réciter dans les moments de perturbation, le matin, autant de jours que souhaité.

    Mon appel ne saura rester sans réponse

    Votre présence, telle le pas feutré des anges
    M'accompagne en ce moment de transition
    Mon corps change, se rebelle parfois
    M'entraînant dans des sillages inconnus
    Perturbant mon esprit vulnérable
    Pourtant, j'entends le message de ce deuxième printemps
    M'indiquant une nouvelle voie

    Vous me murmurez
    Que de nouveaux mondes s'ouvrent à moi
    J'entends
    Aidez-moi dans ce chemin d'adaptation
    Aidez-moi à me défaire
    Des projections d'une société mal informée

    La ménopause n'est pas la mort
    Elle est l'opportunité enfin saisie
    De libérer mon énergie glorifiée
    D'arborer ma couronne de sagesse
    D'offrir en partage ma connaissance

    Puissent les inconforts cesser
    Dans la compréhension
    Et l'accompagnement de mon être

    Puisse la joie exister
    Dans l'amour
    Et la solidarité pour chaque être

Prière pour mieux vivre le grand âge

Cette prière est destinée à toute personne entrant dans le grand âge. Elle insuffle énergie et confiance. Elle peut être utilisée en établissement pour personnes âgées.
À réciter à la demande, pour se reconnecter à son être profond.

Je prends soin de mon âge
Car à lui seul
Il renferme les perles de mon chapelet
Assis(e) sur le banc de ma vieillesse
J'accroche au firmament
Les étoiles scintillantes de mon passé

Puissé-je avoir la sagesse d'attendre et d'entendre
Puissé-je ne pas regretter
Et m'installer de toute mon âme
Dans le doux fauteuil de la sérénité

Mes douleurs, mes limitations
Je te les offre
Pour qu'en retour naissent en moi
Les désirs inattendus

Permets-moi d'atteindre les cimes
Conscient(e) et résolu(e)
Pour que de là-haut
Je perçoive les lanternes
De la lumière éternelle

La vie professionnelle

Prière pour la vocation

Cette prière est à utiliser par toute personne hésitant sur son chemin de réalisation et souhaitant se rapprocher des vœux de son âme. Elle permet de sécuriser les chemins de réflexion et de libérer l'intuition pour lui faire confiance.
À réciter une fois par jour le matin durant la période souhaitée.

Telle la fleur frétillante, prête à éclore
Je cherche ma voie
À l'appel de mon destin

Faites pleuvoir sur moi
Les gouttes du discernement

Fermez les parapluies
Pour que je sache regarder

Chaque perle de pluie
Reflète un message
Celui que vous avez pour moi
Pour réaliser au mieux ma vocation

Merci

Prière pour consacrer un projet

Cette prière est destinée à toute personne désireuse de placer un projet sous le signe de la réussite.
À réciter au moment du lancement du projet ou tout au long de sa réalisation selon ses souhaits.

Que ce projet
Abouti sous les meilleurs auspices
Reçoive la consécration qu'il mérite
Qu'il soit guidé par
La reconnaissance
Le succès
La prospérité

L'autre rive

Prière pour le moment de l'envol

Cette prière spéciale est destinée à toute personne en présence d'une âme qui s'envole. Elle permet d'agir sur l'instant, pour aider l'âme à réaliser qu'elle quitte la Terre, pour la guider vers les meilleurs stades d'évolution.
À réciter dans les instants qui suivent le décès, lentement, autant de fois que la personne accompagnante le ressent.

C'est le moment de l'escorte finale
De la reconnaissance du passage

Âme gracieuse livrée à son envol
Vois comme tu es accompagnée

Tu t'évapores, tu t'élances
Et dans les bras de ceux qui t'aiment
Se dégagent les parfums de l'amour éternel

Sens comme tout est différent
Oui, tu es libéré(e) de tes chaînes
Des entraves de ton corps
Et pourtant tu existes toujours

Vois comme le ciel est vaste
Entends la louange des anges et repose-toi
Il te faut admettre que tu es mort
Mort d'un corps devenu inutile
Mais tellement riche dans l'âme

Tu es léger, si léger
Et pourtant si présent
Reste conscient malgré les changements

Absorbe la transformation
Tu vis la mort
Comme le papillon vit la métamorphose

Tu oublies ton corps
Mais ton âme reste intacte
Tu oublies ta terre
Mais tu gardes le souvenir des tiens

Tout est calme désormais
Tout est silencieux
Tu baignes dans la lumière éclatante et douce

Prière d'accompagnement à la mort

Cette prière inestimable est un cadeau offert à la personne sur le départ. C'est un réel accompagnement, comme la main de l'adulte réconfortant qui enveloppe celle de l'enfant apeuré. Elle permet d'orienter le chemin vers la lumière et les meilleures entités de soutien. Elle s'adresse à toute personne en contact avec un mourant et désireuse de l'aider à un envol serein.
À réciter dans les derniers instants avec ou sans la personne, autant de fois que souhaité. Cette prière gagne en puissance lorsqu'elle s'effectue à plusieurs, dans une ambiance feutrée, douce et parfumée de bougie et d'encens. Certaines personnes apprécient la musique sacrée. Sachez créer l'environnement sécurisant qui lui convient.

> Guides, anges, archanges
> Âmes voyageuses des sphères lumineuses
> Quelle que soit votre nature
> Quels que soient vos horizons
> C'est avec insistance que je vous demande
> De prendre soin de ... (nom de la personne)
>
> Je vous prie pour que vous embrassiez cette âme
> De tout votre amour
> Que celui-ci soit mille fois puissant
> Mille fois irrésistible
> Afin que l'âme de ... (nom de la personne)
> Ne soit attirée que par la lumière

Aux odeurs d'encens
Se mêlent celles des arbres centenaires
Ceux qui ont vu, senti, entendu tant d'histoires

Que la sagesse du monde, connaissant la roue
De la vie et de la mort
Permette à ... (nom de la personne) de passer
de l'une à l'autre
En douceur, en extase

Que toutes ses qualités s'envolent avec lui / elle
Afin de fleurir son âme et son cœur futur

Emmenez-le / la, si telle est la destinée
Emmenez-le / la vers les cieux accueillants
Laissant derrière pleurs et attachements

Prenez soin de lui / elle
Prenez soin de cette âme sur le départ
Je la remets entre vos mains
Pour l'éternité

Prière pour âmes en perdition

Cette prière est à réciter pour les âmes décédées dans des conditions traumatiques.
À prononcer lentement mais avec ferveur, à la nuit tombée durant trente jours.

Enfermer dans la tombe les bourgeons amers
Les fleurs avortées
Les soleils noirs

Brûler dans le feu
Les scories invisibles de l'enfer
Les actions délétères
Les manteaux d'égoïsme

Par cette incantation, Grande Source divine,
Je t'implore d'aider l'âme de … (nom de la personne)
Courageuse et volontaire
Pour qu'à chaque pas
Elle suive le firmament de sa rédemption
Que les éclairs deviennent des étoiles de chance
Que le vide se comble d'amour
Que cette âme se recharge de l'énergie divine

Par cette incantation, Grande Source divine,
Je te remercie de veiller
À ce que jamais elle ne rencontre
Les êtres infâmes

Je te remercie de l'emmener au son
de ta douce mélodie
Pour une harmonie éternelle

Les thérapeutes

Prière pour le début des soins

Cette prière est essentielle à tout thérapeute ou soignant désirant débuter un soin. Elle permet de créer une bulle protectrice pour soi et le patient, de convoquer les meilleures énergies pour la séance.
À réciter une fois avant le soin, en visualisant une bulle de protection et de lumière autour de soi, puis autour du patient.

>Que l'Univers soit mon armure, du Cosmos à la Terre
>Enveloppé(e) de lumière, je ressens
>Ce mur de protection puissant qui me sécurise
>Que l'amour envahisse l'espace
>Et agisse pour la guérison
>
>Seigneur,
>Que ce soin apporte à … (nom de la personne)
>Toute la force de la guérison
>Par ton amour et ta constante présence
>Amen[3]

---

[3]. NdÉ : Ce mot peut surprendre, car il n'appartient ni à l'époque ni à la culture de l'Empereur Jaune. Lorsque nous l'avons interrogé sur « Amen », il a répondu qu'il emploie le langage pouvant être compris par celles et ceux à qui est destiné le soin.

Prière pour la fin des soins

Cette prière est essentielle à tout thérapeute ou soignant ayant terminé les soins. Elle permet d'évacuer les énergies toxiques et de vérifier que son bouclier de protection est intact.
À réciter une fois après le soin en conscience, dans le calme.
Renouveler une fois si la séance a été particulièrement éprouvante.

>Énergies cosmiques, énergies terrestres,
>énergies célestes
>Unissez vos forces pour régénérer
>Mon âme, mon corps et mon esprit
>
>Tout doit être relié dans un réseau efficace et sain
>Tout doit fonctionner en mon nom propre
>
>Je laisse à l'Univers le soin de laver,
>transformer, sécuriser
>Moi, je ne suis que messager(ère), transmetteur(trice)
>Je ne garde aucun miasme, aucune attache
>
>Tout est rendu à l'Univers
>Pour apporter à l'autre ce dont il a besoin

Les animaux

Prière pour l'accueil d'un animal

Cette prière s'adresse à toute personne souhaitant favoriser l'accueil d'un animal à la maison.
À réciter au moment de l'accueil, une fois par jour durant la période d'adaptation.

Quelle est la frontière entre lui et moi ?
Il se peut que nous soyons frères
... (nom de l'animal) intègre notre foyer
Et la joie étreint notre cœur

Merci de nous aider
À l'aimer, à le choyer, à le comprendre
Faites que notre écoute
Soit celle du cœur et de la bienveillance

Hommes et animaux sont frères
Faites que nous nous apportions mutuellement
Dans les rires et la complicité
Pour l'élévation des espèces
À l'échelle de l'Univers

Prière pour un animal malade

Cette prière s'adresse à toute personne souhaitant favoriser la santé de son animal.
À réciter une fois par jour durant toute la durée du traitement et de la convalescence de l'animal. Il est possible de laisser la photo de l'animal à l'intérieur du livre sur la prière le reste de la journée.

Ô anges des animaux
Prenez soin de ... (nom de l'animal)
Malade et affaibli

Passez vos pommades célestes
Sur son corps sans énergie
Administrez-lui les pilules de tendresse
Pour que bien vite
... (nom de l'animal) soit sur pattes
Vigoureux et joyeux

Les lieux

Prière pour purifier un lieu

Cette prière s'adresse à toute personne désireuse de purifier un lieu. Elle permet le dégagement des entités résiduelles toxiques et la restauration d'une énergie pure à l'intérieur du lieu.
À réciter une fois avec le protocole de purification. Renouveler l'ensemble du protocole si besoin.

Protocole de purification à réaliser en même temps qu'est prononcée la prière :
– faire un bouquet de fumigation avec de la sauge blanche et du romarin ;
– effectuer de grands gestes avec le bouquet pour bouger les énergies du lieu en partant des coins, puis en ayant des mouvements de haut en bas et sur les côtés ;
– laisser la pièce fermée jusqu'à ce que les fumées cessent ;
– ouvrir pour aérer et faire des courants d'air si possible. Terminer le soin en faisant brûler un encens de résine (myrrhe) par exemple pour réénergétiser le lieu ;
– renouveler l'opération si le lieu est très chargé.

Prière pour purifier un lieu

Aucune ombre, aucun reflet
Aucune trace
Que ce lieu unique vibre pour lui-même
Sain et débarrassé de ses parasites indolents
De ses êtres en errance

Les fumées des plantes guérisseuses
Enferment les indésirables énergies
Et pansent les plaies
Des auras défraîchies

Ce lieu pulse d'amour
Et m'accueille à son autel
Pour une épopée nouvelle
Avec santé et protection

Les plantes

Prière pour la croissance des plantes

Cette prière s'adresse à toute personne sensible au bien-être des plantes. Elle aidera à stimuler la croissance et à limiter l'apparition des maladies ou des parasites.
À réciter au moment de la plantation ou en cas de faiblesse de la plante.

    Être vivace en éveil
    Branches (ou tiges) dynamiques

    Racines impatientes
    De propulser leur sève vivante

    J'en appelle à toutes les énergies subtiles
    Pour t'insuffler santé et croissance vigoureuse
    Ainsi soit mon plan

Amaya Chu Shen

PRIÈRES DE GUÉRISON
DE L'EMPEREUR JAUNE

Prier est un élan du cœur chargeant l'air de légèreté et d'un sentiment d'unité.

Bien qu'individus identifiés, nous sommes unifiés au Tout et reliés d'âme à âme.

L'Empereur Jaune

Introduction

Le vent d'hiver souffle sur mon velux dispersant les dernières feuilles des acacias à la lueur d'une lune éclatante. Il est 3 h 40 exactement et, comme chaque nuit depuis plusieurs mois, je suis extraite de mes songes enchantés pour écrire.

En effet, depuis août 2021, aussi incroyable que cela puisse paraître, j'entre en connexion avec l'Empereur Jaune, souverain ayant vécu au IIIe millénaire av. J.-C., en tout cas, son âme et/ou son énergie qui perdure(nt) à travers les âges – évidemment, je ne peux prouver qu'il s'agisse bien de lui, même si je n'ai aucun doute. L'histoire commence lorsque mon ami et éditeur, Patrick Pasin, me demande d'entrer en contact avec des êtres ayant œuvré dans le domaine de la santé, afin qu'ils puissent continuer d'intervenir au service de l'Humanité. À ce titre, il choisit l'Empereur Jaune, considéré comme le père de la civilisation chinoise et de sa médecine traditionnelle. Je n'avais jamais fait « parler » un être aussi mythique ni aussi ancien, bien que mes expériences m'aient souvent conduite dans des communications aux frontières de la mort et au-delà.

C'est la première fois que je fais le récit de cette magnifique histoire, je suis émue et à la fois… dans l'expectative des réactions que peut susciter une telle révélation. Pour moi-même, j'ai accepté depuis longtemps de ne pas tout comprendre et j'évite de me poser des questions stériles. Le fait est que, depuis deux ans et demi, je communique avec cet esprit merveilleux qui m'enseigne et apporte de nouveau sa contribution à l'Humanité.

Les premiers textes reçus nous content son mode de vie, ses activités. Son image se dessine, il m'apparaît de plus en plus nettement. Désormais, ses traits me sont précis et il se présente souvent à moi revêtu d'une veste jaune incrustée de pierres précieuses. Il ressemble beaucoup à l'homme de la couverture du livre.

Le cinquième message reçu marque un tournant : il me souffle que, maintenant que j'ai « dépassé certaines limites », il peut m'entraîner à ressentir, sur moi d'abord, puis sur les autres, l'énergie qui circule, les zones de « vide » ou de « plein », les points de blocage... Cette période effervescente me plonge dans l'expérience du soin guidé par ses mains, sa voix, que je perçois clairement, et son immense connaissance. Je reçois des signes chinois – moi qui n'ai jamais appris le mandarin – et ceux-ci possèdent tous une signification. Il me montre les outils médicaux dont il se servait à son époque – par exemple, une seringue en bois pour les saignées –, je cueille et prépare les plantes médicinales avec lui, j'entends les invocations ou prières de guérison. En même temps, il me donne les indications pour déplacer mes mains ou ma pensée sur les corps, m'enseigne comment « s'entend la vibration des méridiens » et, bien que je ne pratiquerai pas, comment se plantent plus ou moins profondément les aiguilles d'acupuncture, en fonction du résultat souhaité. Il emploie souvent des minéraux ou des pierres précieuses pour diffuser de l'énergie, apaiser ou dynamiser. Il fait preuve d'une inventivité désarçonnante, et chaque soin réalisé ensemble nous emmène dans des sphères créatives inédites mais agissantes. Ces séances s'effectuent principalement à distance.

J'apprends à tout consigner pour ne rien oublier. J'essaie d'être précise quant aux détails que je perçois, que je vois, que j'entends, que je sens par le goût, l'odorat ou le toucher. Lors d'un soin, j'écris ce qu'il me dit en même temps que j'agis avec lui. Je n'interviens jamais en mon nom. J'attends qu'il m'appelle à lui, qu'il m'enveloppe comme s'il enfilait un gant. Je me fonds en lui et le soin peut alors débuter sous son autorité.

C'est au cours d'un soin donné en août 2022 qu'une première prière s'écrit, afin de renforcer l'effet de la séance qui vient d'avoir lieu. Je pense à un cas isolé tant ces moments sont uniques et en lien avec l'histoire intime de la personne. Finalement, ce sont deux puis trois puis trente-huit prières de vie qui nous furent offertes pour nous accompagner sur notre chemin de santé ou de développement personnel et spirituel.[4]

Le livre que vous tenez fait suite au précédent, mais il est entièrement consacré à la santé en délivrant soixante-douze demandes à l'Univers ou aux guides spirituels, pour soutenir le parcours de guérison. Il propose un ensemble de prières destinées à accompagner les thérapeutiques médicales conventionnelles, sans pour autant les remplacer. Il faut garder à l'esprit que la consultation auprès d'un médecin reste la première démarche à entreprendre. Intégrées au processus de soin, les prières peuvent apporter des bénéfices supplémentaires, mais elles ne doivent jamais se substituer aux conseils médicaux ni inciter à l'arrêt des traitements prescrits. Elles n'ont pas pour vocation de guérir instantanément, mais d'apporter un soutien énergétique et la détermination à aller vers le mieux-être. Parfois, soigner, c'est guérir, mais pas toujours. Néanmoins, nous devrions désormais emporter dans notre trousse à pharmacie les prières de guérison de l'Empereur Jaune.

Il est 3 h 40 ce matin, mon cahier et mon dictaphone sont prêts. L'Empereur Jaune aime me réveiller à cette heure, peut-être suis-je plus disponible. Je sens que ma connexion est très puissante, car mon mental n'est pas en alerte. Je ne pense pas, je ne raisonne pas, je suis en état parfait de réception. Néanmoins, dans les moments de grande captation, les prières m'arrivent à tout moment, que ce soit en voiture, au travail ou dans tout acte de la vie quotidienne. Cela me demande juste d'être organisée.

---

4. *Prières de vie de l'Empereur Jaune*, A. Chu Shen, Talma Studios, 2023.

L'originalité de ces prières réside dans leur accessibilité à tous, contrairement à celles gardées secrètement par les guérisseurs traditionnels, qui sont généralement transmises lors de rituels spécifiques et réservées à des initiés. En revanche, dans la philosophie de l'Empereur Jaune, il est primordial que tout un chacun puisse les utiliser pour renforcer l'efficacité des traitements et favoriser la guérison complète des malades.

Ces intentions appartiennent donc au public le plus large : les professionnels de santé tels que médecins, thérapeutes, infirmiers… peuvent s'en servir pour insuffler de la puissance à leur travail, tout comme les patients ou toute personne désireuse d'aider autrui, car, avec ces prières, il est possible de soutenir un malade pour créer les conditions propices à sa guérison, notamment en générant des vibrations positives.

Les prières de l'Empereur Jaune sont sécurisées et dépourvues de tout danger, chaque mot étant soigneusement choisi pour ne pas convoquer d'entité nuisible, l'ensemble de ce travail étant orienté vers la santé et le bien-être de l'Humanité.

Vous observerez que ces sollicitations, en provenance du monde de l'invisible, font parfois appel aux pouvoirs des plantes et des minéraux. En effet, tout être vivant possède une vibration et des caractéristiques uniques pouvant concourir au bien. Par exemple, en prononçant le nom d'une plante, nous faisons référence à son esprit de guérison, les mots agissant comme des activateurs d'énergie de l'organisme transmis aux cellules du corps et à l'âme de l'être malade. Inviter un végétal dans une prière n'implique pas nécessairement son ingestion ou son application physique directe, mais une connexion à son essence de vie.

Vous découvrirez aussi que les prières interpellent souvent les « esprits du Ciel ». Là encore, il est question d'appréhender des flux hautement énergétiques capables de transmuter la matière en vue d'obtenir la guérison ou de s'en approcher.

Le pouvoir de l'esprit, décuplé par la prière, possède une action créatrice dans la réalité, traversant l'espace et le temps, ce qui explique les résultats obtenus lors de soins à distance, comme si thérapeute et patient se trouvaient dans un même lieu. La pensée, orientée dans l'intention, est donc capable de provoquer des changements dans la matière.

Ainsi en est-il de la prière. Cependant, elle ne peut agir seule. En premier lieu, la réciter sans engagement profond n'amène à rien. En revanche, lorsque le patient s'aventure sur le chemin de la découverte et recherche activement des moyens pour soutenir son organisme et son esprit, elle devient un outil puissant, capable de produire des miracles. Il est important de souligner qu'elle comporte tout de même des limites et, redisons-le, ne peut se substituer à la médecine.

L'idée de ce livre est que chacun puisse accéder à un potentiel similaire à celui des sorciers d'autrefois, qui utilisaient la puissance des mots pour guérir. Cette capacité n'est pas réservée aux pratiquants religieux ou aux méditants. C'est ce que nous enseigne l'Empereur Jaune, et nous allons le découvrir ensemble.

Amaya Chu Shen

La pratique des prières de guérison

La prière sans religion
Les peuples anciens observaient de nombreux rites pour scander les activités et évènements de leur vie, dieux et divinités faisaient partie intégrante de leur environnement. S'adresser à eux était naturel et implorer leur aide l'était tout autant. Par la suite, les chants, les incantations (issues de la magie), les messages parlés trouvèrent leur voix dans la prière à caractère religieux, terme conservé depuis pour cette pratique.

Pour nous, elle prend une autre signification, car, dénuée des dogmes et croyances imposées, elle nous renvoie à l'intelligence naturelle, à l'ordre du monde, incluant toutes les instances visibles et invisibles. Ces dernières ne requièrent ni vénération, ni adoration, car chacune joue son rôle sur l'échiquier de la vie, à pied d'égalité avec les Hommes. En revanche, pour l'être humain, entrer en résonance avec les énergies lumineuses le renforce et l'élève.

Prière ou mantra ?
De temps à autre, des indications accompagneront les prières, mais, quoi qu'il en soit, osez écouter votre être intérieur, votre petite voix. Osez lui confier le rythme de vos prières. La plupart d'entre elles sont courtes pour pouvoir les répéter plusieurs fois de suite, sans danger, ni effets secondaires.

Laissez-vous guider par votre ressenti. N'oubliez pas que vous œuvrez pour le bien, pour la santé, pour la joie de permettre, parfois à un autre que vous, de devenir bien-portant.

Vous verrez apparaître le mot « mantra » lorsque les prières sont très courtes. Pour celles-ci, l'Empereur Jaune indique qu'elles doivent être répétées plusieurs fois d'affilée. Elles sont élaborées pour être faciles à mémoriser ; ainsi, en ne faisant plus l'effort de porter notre attention sur les mots, nous nous laissons porter par le rythme et l'harmonie.

Chez les hindous et dans le bouddhisme, les mantras ont une action protectrice sur le mental, qui a tendance à s'échapper de la concentration. Il s'agit d'une fuite d'énergie. À l'origine, le mantra permettait le déclenchement vibratoire entrant en résonance avec des sons sacrés, ces derniers faisant partie des constituants de l'univers, donc du corps. Pour nous, le mantra augmente le pouvoir guérisseur des mots par une orientation déterminée de la pensée qui ne fluctue pas et reste focalisée sur son objet. De plus, par la scansion, il détourne la pensée obsédante tout en allant droit au but. Par exemple, en cas de douleur, réciter un mantra sera plus efficace qu'une prière. Lorsque nous récitons en martelant les syllabes, à un rythme soutenu, le ressenti de la douleur diminue voire disparaît.

Je voudrais relater ici cette expérience vécue alors que j'étais dans la phase de réception des prières, période qui a duré plusieurs mois. Tandis que je me rendais à mon travail pour une journée dense, une céphalée débuta. J'y suis sensible et je sais que si je n'interviens pas dès les premières douleurs, elles dureront quarante-huit heures. Étant en voiture et ne pouvant m'arrêter, je me rappelai alors des premières rhèses de la prière pour les céphalées et migraines et du dernier mot :

Migraines, céphalées
Pâquerette et menthe des champs
En couronne déposées sur ma tête
...
Partez

Je me mis à réciter ces paroles en boucle, en ajoutant une phrase au milieu pour plus de cohésion, et le fis durant quelques minutes sans m'arrêter. Voici ce que cela donna :

Migraines, céphalées
Pâquerette et menthe des champs
En couronne déposées sur ma tête
Agissez pour que mon mal de tête disparaisse
Douleurs
Partez

C'est ainsi que je découvris que la douleur diminuait graduellement, jusqu'à disparaître complètement au bout d'une quinzaine de répétitions. Depuis, j'en ai beaucoup moins, et le résultat est toujours positif, à condition d'utiliser la prière dès les premières sensations, que ce soit la version originale ou légèrement modifiée. Sinon, elle perd son efficacité. Cela m'est malheureusement arrivé en réunion « active », tandis qu'en réunion « passive », j'ai pu me concentrer dans l'instant et la réciter avec son résultat merveilleux.

Réciter une prière
Les prières de cet ouvrage sont toutes tournées vers la santé et la guérison. Elles demandent à créer un instant pour soi, en soi, afin qu'émerge dans le silence de l'âme les plus belles dispositions à offrir. La prière est un don. Chacune peut être prononcée pour soi ou adaptée pour les autres.

Il faut parfois la réitérer plusieurs fois dans la journée pour soutenir le processus, mais rarement au-delà de trois, car toute prière adressée avec présence et détermination est déjà enregistrée par l'Univers. Nul besoin donc de déclamer des prières toute la journée.

La manière de réciter dépend de chacun : vous pouvez choisir à voix haute si vous pensez mieux vous imprégner des paroles. En effet, nous prenons alors davantage conscience de l'effet vibratoire, nous pouvons même le ressentir dans notre gorge, notre poitrine ou notre tête. C'est ce que je pratique le plus souvent, notamment en situation de soin.

La prière peut aussi être lue dans notre for intérieur, mais attention de ne pas nous laisser distraire : chaque mot doit être vécu, absorbé, puis envoyé avec le désir qu'il ait une action.

Accompagner et compléter la prière
Dans le premier volume, Les Prières de vie de l'Empereur Jaune, ce dernier nous expose que, pour prolonger l'effet, nous pouvons poser dans le livre sur la prière utilisée une photo de soi ou de la personne pour qui nous adressons notre requête. Cette remarque est autant valable pour les prières de guérison. Ainsi, elles peuvent s'effectuer à distance, pour un résultat identique à celui produit pour une personne proche de nous.

Voici un cas qui illustre cette démarche : Julien est un homme d'une soixantaine d'années vivant à plusieurs centaines de kilomètres de chez moi. Victime d'un accident de la voie publique, il se voit immobilisé avec un écrasement de la malléole. Le chirurgien qui l'opère indique avoir fait son possible, car certains os ont été broyés. Je venais de « recevoir » la prière sur les fractures au moment où son fils me téléphona. Ayant la photo de Julien, je la déposai sur la prière et la récitai plusieurs fois par jour à son attention. Trois semaines après, le plâtre fut enlevé pour être remplacé et, contre toute attente, la cheville montrait déjà une consolidation osseuse inespérée. À l'heure où se termine ce livre, le dernier plâtre a été retiré. Son fils me donne de bonnes nouvelles et m'indique que les médecins sont interpellés par la qualité de la reconstruction de la cheville. De plus, Julien ne ressent aucune douleur depuis le début, ce qui lui a permis de témoigner d'un moral d'acier tout au long de cette épreuve, selon ses proches.

Un endroit dédié dans la maison, un petit autel par exemple, créera les conditions bénéfiques supplémentaires pour que notre prière soit entendue. Cependant, cela ne comporte aucun caractère obligatoire, c'est dans le cœur que naissent les meilleures intentions.

Pour tous les états maladifs dont il est question dans l'ouvrage, nous pouvons ajouter des prières du premier volume. Par exemple, la prière pour les énergies nocives renforce, par une action globale et complémentaire, le processus de toute prière de santé, quels que soient les maux. Pour les maladies en lien avec un état émotionnel instable, la prière pour les émotions s'avère un excellent complément. Lorsqu'une opération chirurgicale est nécessaire, la prière pour optimiser une opération chirurgicale a pour but de limiter les effets secondaires et permettre une récupération sous les meilleurs auspices.

Certaines prières de guérison vous paraîtront généralistes, telle celle pour les cancers. Cependant, elles s'accompagnent de prières spécifiques en fonction des symptômes : la prière pour les maux d'estomac, celle pour les brûlures (2e et 3e degrés) en cas de traitement par radiothérapie, etc.

Enfin, l'Empereur Jaune relie plusieurs prières de guérison à l'énergie des pierres.[5] S'il ne nous est pas possible d'en acquérir dans l'immédiateté des symptômes à traiter, entrer en contact avec leur énergie produit le même effet. Il suffit alors de visualiser le minéral appliqué sur la zone malade et le sentir diffuser ses bienfaits. En agissant ainsi, notre rapport au corps se modifie, tout comme celui à la douleur.

Bien que mon bagage en lithothérapie soit limité, j'ai vécu l'écriture de ce livre comme une aventure extraordinaire, car l'Empereur Jaune m'a emmenée dans les contrées mystérieuses de cette connaissance. Malgré mon ignorance, il a pris le soin de distiller en moi le nom des pierres et leurs usages. Parfois, je n'avais même aucune idée de la succession de

---

5. Pierres et minéraux doivent, pour la grande majorité, être nettoyés et purifiés régulièrement. Ne pas hésiter à demander conseil à son fournisseur.

lettres qui s'inscrivait sur mon ordinateur et découvrais le mot une fois la dictée de l'Empereur Jaune terminée.

Dernière précision : il a demandé que la ponctuation soit minimale, ce que nous avons respecté.

Le corps et la représentation de l'arbre

Les prières de guérison de l'Empereur Jaune se répartissent en plusieurs sections, reliant symboliquement les systèmes du corps humain aux parties d'un arbre.

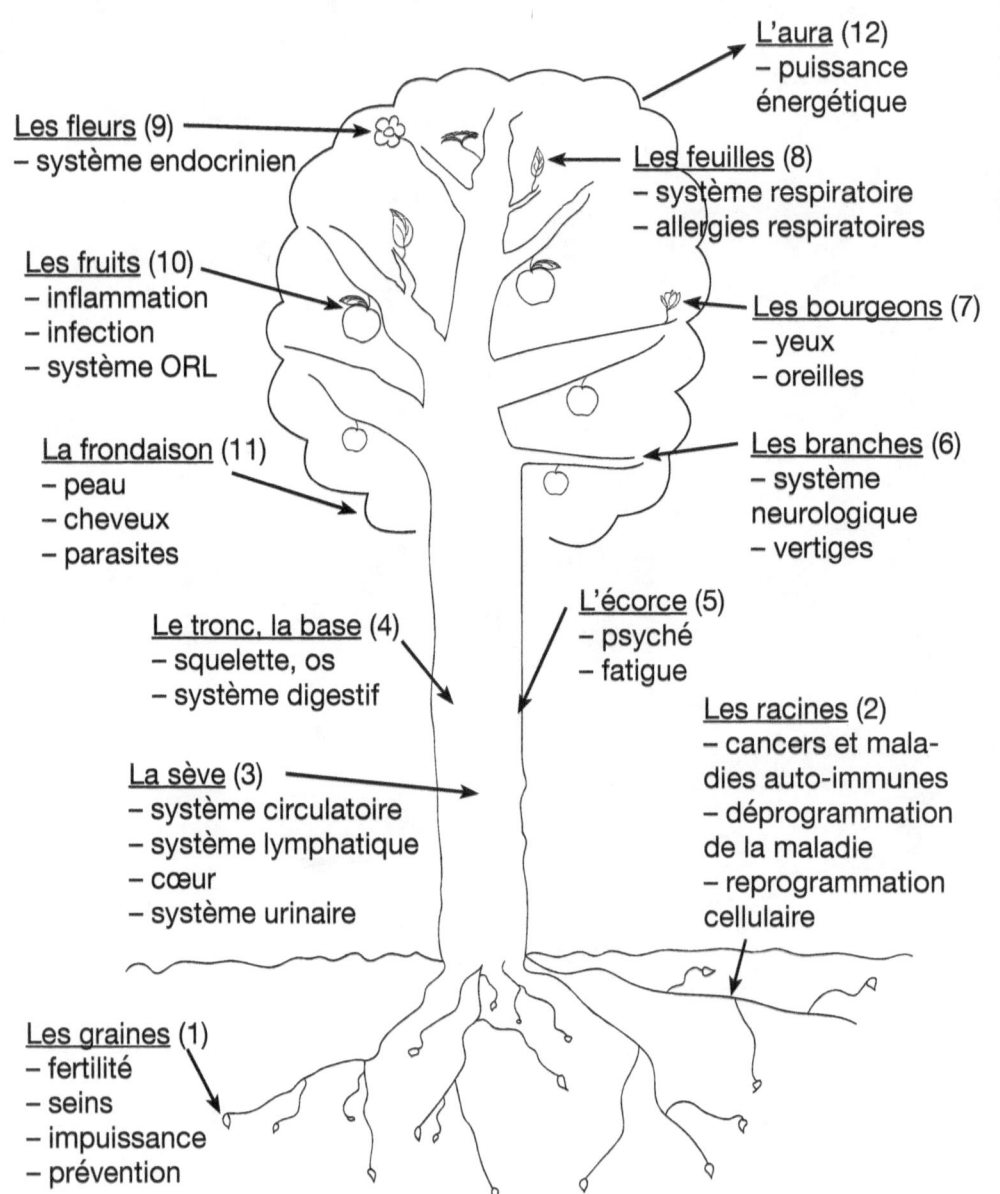

L'aura (12)
– puissance énergétique

Les fleurs (9)
– système endocrinien

Les feuilles (8)
– système respiratoire
– allergies respiratoires

Les fruits (10)
– inflammation
– infection
– système ORL

Les bourgeons (7)
– yeux
– oreilles

La frondaison (11)
– peau
– cheveux
– parasites

Les branches (6)
– système neurologique
– vertiges

Le tronc, la base (4)
– squelette, os
– système digestif

L'écorce (5)
– psyché
– fatigue

Les racines (2)
– cancers et maladies auto-immunes
– déprogrammation de la maladie
– reprogrammation cellulaire

La sève (3)
– système circulatoire
– système lymphatique
– cœur
– système urinaire

Les graines (1)
– fertilité
– seins
– impuissance
– prévention

Partie I

LES GRAINES

La fertilité

Prière à réciter le matin, au moment où les énergies sont montantes.

Pierre : une malachite sur un petit autel dédié (ou la porter en amulette) accompagnée d'une plante en germination ou en processus de croissance.

>   Harmonies célestes
>   Entrez en jeu
>   Pour que mon terreau soit fertile
>
>   Que la graine d'amour
>   Se fixe et s'épanouisse
>   Dans un nid sécurisant et doux
>
>   Axiomes terrestres
>   Qui engrangent la joie et la tendresse
>   Déversez en moi une pluie de germination
>
>   Mon corps est prêt
>   Mon âme s'unit
>   À l'alchimie des êtres
>   Pour faire naître la vie
>
>   Je rends grâce mille fois

Les seins

Mastose
Prière à réciter une fois par jour, le matin, pendant au moins quinze jours, jusqu'à ce que la distance entre soi et les autres se construise. La personne doit avoir conscience qu'elle n'a pas à tout « absorber » et que son désir d'aider doit se manifester d'une façon plus juste pour elle et son entourage.

> Douleurs et désagréments
> Logés en mon sein
> Passez votre chemin
>
> Que ma générosité jaillisse
> Que mon énergie s'accomplisse
> Que je ne prenne pour moi
> Les douleurs des autres
> Comme des enfants à chérir
>
> Je suis libre mais présente
> Je suis proche mais distante
> Mon lait s'écoule
> De ne pouvoir tous les nourrir
>
> Anges bénis des femmes
> Enveloppez-moi
> De votre manteau de protection
> Et guidez-moi
> Vers les sentiers de la compréhension

Kyste
Prière à réciter une fois par jour, le matin, durant trente jours et vérifier l'évolution.

Pierre : pierre de lune portée en pendentif, au niveau du kyste.

    Pourrais-je abriter en mon sein
    Pourrais-je protéger sous mon aile
    La tristesse s'envole
    J'admets mon impuissance

    Aidez-moi, maîtres célestes et attentionnés
    À pénétrer le cœur avec les yeux de l'âme
    À accepter la justesse des situations

    Merci de m'insuffler
    La connaissance des lois divines
    Favorisant une action juste de ma part

    Kyste, tu n'as plus lieu d'être
    Kyste, envole-toi

L'impuissance

Cette prière peut être prononcée juste avant l'acte d'amour ou à tout autre moment de la journée, comme un mantra orientant la pensée vers l'objectif.

Pierre : œil de tigre rouge porté en bracelet ou dans la poche.

>Que ma tête déraisonne
>Que ma confiance soit totale
>
>Je m'unis au Grand Tout
>Pour obtenir vigueur et tempérament

La prévention

Pierre : cristal de roche brut
À porter sur soi (bracelet, pendentif) pour une protection vis-à-vis des maladies, à placer dans la cuisine pour l'alimentation et la dynamisation de l'eau, à poser dans le tiroir à médicaments pour la dynamisation des traitements ou compléments alimentaires.

Prévention des récidives
Après un épisode de maladie, la personne récitera cette prière une fois par jour, le matin, pour améliorer sa convalescence ou prévenir les récidives. La durée d'utilisation de la prière sera fonction de l'intensité du mal, allant de quelques jours à quelques semaines.

> Que cette maladie
> Expression de mon ressenti
> Trouve la voie de la sortie
>
> Qu'à jamais, elle reste endormie
> Qu'à jamais, elle me laisse du répit
>
> Je suis empli(e) de gratitude envers la vie

Prévention par l'alimentation
La manière dont nous préparons nos aliments pour les consommer influence leur taux vibratoire. La nourriture que nous mangeons s'imprègne de l'énergie véhiculée lorsque nous cuisinons. Comme il a été prouvé que les molécules de l'eau réagissent à la force vibratoire des mots, il en est de même pour tout ce que nous absorbons.

Cette prière très courte, à prononcer une fois, permet de poser un dôme de protection sur le repas tout en participant à la santé globale des individus s'apprêtant à le consommer.

> Que ce repas coloré d'amour
> Distribue santé et vigueur
>
> Que ce repas consommé en harmonie
> Nourrisse organes et cellules
> Pour le maintien primordial de la vie

Prévention par dynamisation de l'eau
Cette prière permet de purifier l'eau. Il est intéressant de la prononcer lorsque nous mettons l'eau en carafe. Cette dernière peut être posée sur la prière elle-même en permanence. De plus, elle apporte un effet supplémentaire pour la gestion de l'eau durant les voyages. Attention, elle ne dispense pas de la traiter convenablement par les moyens habituels.

> Principe de vie essentiel
> Libère ta pureté
>
> Que ton pouvoir alchimique soit ta force
> Inondant les composants de mon corps
>
> Qu'il soit mon temple, mon refuge

Prévention par dynamisation des médicaments ou compléments alimentaires
Tout médicament ou complément alimentaire va gagner en puissance d'action grâce à cette prière prononcée au moment de l'achat. Ensuite, déposée dans le tiroir des médicaments, elle poursuivra son effet. Pour les thérapeutes réalisant eux-mêmes leurs produits, cette intention peut être couplée avec la prière pour optimiser une préparation de soin.[6]

>   Équilibre des énergies
>   Équilibre de la matière
>
>   Enzymes et molécules de ce produit (*nommer le produit*)
>   Circulez en mon être
>   Gardez-moi en santé rayonnante
>   Psychique et physique
>
>   Grâce à vous
>   Que mon véhicule terrestre
>   Accueille mon âme céleste
>   Pour servir et offrir au monde
>   Ma perfection unique et nécessaire

---

6. *Prières de vie de l'Empereur Jaune*, op. cité.

Partie II

LES RACINES

Les racines sont le principe et la source de vie de l'arbre. Ainsi, les maladies qui découlent d'un dysfonctionnement au niveau des racines sont graves.
La prière pour les miracles peut être utilisée en support pour toutes les maladies des racines.[7]

---

7. *Prières de vie de l'Empereur Jaune*, op. cité.

Les cancers, les maladies auto-immunes

Cette prière générale s'adresse à toute personne affligée par un cancer ou une maladie auto-immune. Elle est à réciter matin et soir. Elle peut être complétée par d'autres prières en lien avec l'organe touché ou les symptômes. Les pierres pouvant apporter un soutien sont nombreuses et seront choisies en fonction des caractéristiques de chaque maladie.

> Travailleurs de l'Univers
> En charge de cette maladie
> Permettez que le corps entier
> Retrouve sa logique
> Et son habileté à pouvoir lui-même se guérir
>
> Enfant de l'Univers
> Je suis aimé(e) et protégé(e)
> Pour que ma présence sur Terre
> Soit celle d'un avènement heureux

La déprogrammation de la maladie

Cette prière est à réciter une fois par jour, au coucher, pour favoriser un changement cellulaire, nécessaire sur le chemin de la guérison. Elle sera suivie de la prière pour la reprogrammation cellulaire. La durée est fonction de la gravité de la maladie et des caractéristiques propres à chacun(e). L'écoute intérieure profonde trouve ici toute son importance pour guider la personne vers ses propres rythmes.

À coupler avec la prière pour la pensée créatrice en santé.[8]

> Ô Tout-puissant
> Par cette prière, permets à chacune de mes cellules
> De recevoir ta lumière divine
>
> Chaque cellule retrouve un programme juste
> Et parfaitement adapté
>
> Joie, félicité, vibration intense
> Pour un changement immédiat et irréversible

---

8. *Prières de vie de l'Empereur Jaune*, op. cité.

La reprogrammation cellulaire

Cette prière est à réciter une fois par jour, au coucher, pour engendrer la reprogrammation cellulaire, durant trois semaines minimum (à ajuster en fonction des besoins de la personne et de son ressenti).

À coupler avec la prière pour la pensée créatrice en santé.[9]

    C'est l'heure du changement
    C'est l'heure d'accepter
    Accepter le renouveau
    De l'être perpétuel

    Inutile de rester figé(e)
    Rephasage et détermination
    Activent le processus de revitalisation

    Cellules vivantes
    Acceptez la lumière
    Le son vibrant de la vie
    Qui écarte le voile de la nuit

    Libérez-vous de vos mémoires empoisonnées
    Ajustez-vous aux fréquences cristallines

    La vie est énergie

---

9. *Prières de vie de l'Empereur Jaune*, op. cité.

Partie III

LA SÈVE

Pour tous les inconforts ou maladies de la sève, la prière pour la circulation des fluides peut être employée en complément.[10]

---

10. *Prières de vie de l'Empereur Jaune, op.* cité.

Le système circulatoire

Veines
Phlébite, varices, insuffisance veineuse

Prière à réciter une fois par jour, si possible au moment d'un massage, pour plus d'efficacité.

> Je manque d'espace
> Mon corps lutte
> Et ma tête abandonne
>
> Ange de la circulation
> Redonne force et vigueur
> Aux fluides merveilleux[11]
>
> Que leur passage soit facilité
> Par ta volonté
>
> Merci

---
11. Les fluides merveilleux désignent ici le sang et le plasma.

Circulation sanguine
Prière à réciter une fois par jour, le matin, avec la pleine conscience de la « sève » qui circule dans le corps et procure la vie.

Pierres : hématite et citrine à porter en bracelet.

>Sève magique de l'existence
>Par qui la vie éclot
>Par qui l'énergie circule
>Regarde mon air effarouché
>Je survis
>
>Désormais, tout est enclenché
>Je respire
>Je vibre
>Je vis

Le système lymphatique

Circulation lymphatique
Prière à réciter une fois par jour, le matin, le temps que durent les symptômes.

> Sang blanc, flux serein
> Que ma circulation soit paisible et active
> Par la puissance du thym
> Qu'aucun obstacle ne fasse surface

Activation du thymus (renforcement immunitaire)
Cette prière comporte une action sur le renforcement du système immunitaire. À réciter une fois par jour, le matin, deux semaines par mois en prévention. Lors d'un épisode de maladie, elle peut être ajoutée aux autres prières plus ciblées sur les symptômes.

Pierre : aigue-marine à porter en pendentif sur le thymus (entre le creux des clavicules et le milieu du sternum).

> Pulse, pulse la vie
> Gorge-toi d'un sang propre
>
> Pulse, pulse le rythme
> Des cellules guerrières affairées
>
> Que le feu ardent
> Soit attisé et combatif
>
> Escadrons en place
> Ordre et plénitude

Le cœur

Troubles du rythme cardiaque
Palpitations, extrasystoles, séquelles d'infarctus du myocarde, effets secondaires de certains médicaments, etc.

Cette prière est à employer comme un mantra. Elle est très courte, pour être apprise par cœur. À réciter autant de fois que souhaité.

Pierre : rhodochrosite portée en collier ou en bracelet.

> Ardeur bonheur
> Cesse ce vacarme
>
> Que la joie soit ton abri
> Promptement et pour toujours

Le système urinaire

Cystite
Cette prière est à prononcer trois fois par jour (ou plus si souhaité) durant la phase aiguë de la maladie, une fois par jour une semaine sur deux en préventif.

Plante : busserole à consommer en tisane en préventif et en curatif ou sous d'autres formes (gélules, ampoules...). Les posologies et dosages sont donnés par les fabricants, s'y référer.

> Feu de mes envies
> Feu de mes désirs
> Puis-je exprimer mon besoin
> De m'asseoir dans ce territoire
>
> Feu de mes frustrations
> Feu de mes empêchements
> Rendez-moi les rênes de ma vie
> Pour que j'installe ma place
> Soutenue par l'angélique
> Instamment et puissamment

Énurésie
Cette prière est à réciter avec l'enfant au moment du coucher.

Pierre : jade néphrite à poser sur la table de nuit.

> Santoline, fée magique
> Endors-moi au son de ta musique
> Pour que dans ma nuit aucun hic
> Ne vienne perturber ma retenue
> Je contrôle sans contrôle
> Je relâche sans lâcher
> Je maîtrise comme un(e) grand(e)

Calculs rénaux

Plantes : orthosiphon, pariétaire, sabline rouge, en tisane, 1,5 litre par jour.

>Dans mon sac, je ramasse
>Tant de cailloux pour ne pas me perdre
>
>Aigue-marine, écoute-moi
>
>Dans mon sac, ça ressasse
>Tant de tracas que je conserve
>
>Aigue-marine, aide-moi
>À vider le sac
>Pour me reconstruire
>À créer une place
>Pour une renaissance parfaite

Coliques néphrétiques (lors des douleurs vives)

Cette prière agit comme un mantra que l'on récite plusieurs fois de suite au moment des douleurs.

>Laser de guérison
>Traverse mon corps
>Emporte la douleur
>Loin de moi
>Loin du corps

Prostate
Cette prière est à réciter une fois par jour, le matin, pour réduire les problèmes liés aux dysfonctionnements de la prostate.

Pierre : chrysoprase (quelques pierres dans la poche ou portées en bracelet).

>Voyez ma verdeur
>À travers mon âme juvénile
>
>Voyez mon enthousiasme
>À travers mon cœur ouvert
>
>Voyez comme j'en suis sûr
>Les efforts de mon être
>
>Permettez-moi de relier
>Corps physique et âme éternelle
>
>Que puis-je faire sur Terre
>Qui ait un sens sérieux
>
>Regarder les étoiles
>Et attendre leurs signaux
>Je me sens inutile et parfois incompris
>
>Permettez-moi de donner encore
>D'aimer et de protéger
>
>Ne me jugez pas sur une impuissance
>Redorez ma grandeur
>
>J'ai besoin d'aide
>Merci

Partie IV

LE TRONC, LA BASE

Le squelette, les os

Fracture
Ces trois prières peuvent être récitées au choix pour accélérer le processus de solidification des os après fracture, au minimum une fois par jour. Elles peuvent aussi être apprises par cœur (surtout la 2 et la 3) et prononcées tel un mantra plusieurs fois dans la journée ou lors des soins s'il y en a.

>Corne broyée et ortie séchée
>Unissez vos forces
>Pour lutter avec moi
>
>En pluie de paillettes
>Dispersez sur mes os abîmés
>Les atours de la consolidation
>Paix – Calme – Amour

Ou

>Corne broyée et ortie séchée
>Par vos forces mêlées
>Agissez pour reconstruire mes os
>Promptement et durablement

Ou

>Pied tordu, main cassée, bras envolé
>Que la présence divine inonde mes cellules
>Jusqu'à guérison complète

Entorse
À réciter au minimum une fois par jour. Cette prière peut aussi être prononcée plusieurs fois dans la journée ou lors des soins s'il y en a.[12]

> Méli-mélo, fibres entremêlées
> Repos et introspection
> Sont maîtres de la Cité
>
> Par les anges de la récupération
> Lasers de lumière et faisceaux d'amour
> Démêlent les fils un à un
>
> Merci

---

12. NdÉ : je ne résiste pas au plaisir de partager cette anecdote. Tandis que j'avançais dans la lecture, je me suis arrêté à la page précédente. Pendant le weekend, je me suis foulé le poignet droit. Or, en reprenant la lecture, il y avait cette prière pour les entorses. Je me suis empressé de la réciter *in petto* (j'étais dans les transports en commun). La douleur et la gêne ont disparu après 4 ou 5 récitations. En revanche, elles sont revenues le soir, après avoir oublié que je sortais d'une foulure et forcé un mouvement. Je l'ai de nouveau récitée, et la douleur et la gêne sont reparties.

Arthrite, arthrose, polyarthrite rhumatoïde, rhumatismes...
Prière à réciter matin et soir durant les périodes de crise, une fois par jour en prévention.

    Puissent mes articulations *(ou autres systèmes du mouvement)*
    Ressentir le confort, la douceur veloutée
    Puissent-elles (ils) retrouver souplesse et fluidité

    Je délivre mon cœur
    De ses retenues envahissantes
    Je parle avec ma tête
    Plutôt qu'avec mon corps

    Rendez-moi ma parole
    Et affranchissez-vous

    C'est un ordre, partez

Le système digestif

Digestion lente et maux d'estomac
Cette prière fait appel à l'esprit de trois plantes aux actions puissantes sur le système digestif. À réciter trois fois de suite au moment des difficultés, une fois avant les repas en prévention en cas de fragilité à ce niveau.

Pierre : corail rouge à poser sur le système digestif à l'endroit de la douleur.

> Ô basilic sacré
> L'air circule en moi
> Libérant les espaces
> Permets à ma digestion
> De se faire sereinement
>
> Ô menthe délicate
> Dissous les peines
> Absous les tensions, les crispations
> Les contractions, les spasmes
>
> Ô pissenlit joyeux
> Offre la libération de la bile
> Puissant adjuvant
> Permettant le passage
> Jusqu'à la fin du processus de transformation
>
> Tout circule en moi
> Tout fonctionne en harmonie
> Je me sens léger
> Mon corps fonctionne pleinement

Aérophagie
Imaginer un morceau de charbon végétal placé à l'intérieur du ventre, à l'endroit où l'on souffre. Visualiser le pouvoir d'absorption du charbon pendant que l'on récite la prière.

> Toi, charbon végétal
> Au pouvoir absorbant fantastique
> Prends place au creux de mon estomac *(ou de mes intestins, suivant l'endroit)*
> Et active-toi
> Aspire l'air et neutralise les blocages
> Pour que je ressente légèreté et confort

Nausée, vomissement
Mantra à réciter en rythme sur la respiration.

Sur l'inspiration :

> Tourne et retourne
> Tourbillon de l'angoisse

Sur l'expiration :

> Tourne et retourne
> Bien vite à ta place
>
> Aux essences de citron
> Se mêle l'aigremoine
> Tourne refoule
> Je ne veux plus te voir

À réciter cinq fois, à renouveler si la nausée est très forte. Ralentir le débit de la respiration au fur et à mesure.

Ulcère digestif
Cette prière est à prononcer deux fois par jour jusqu'à disparition des symptômes et de la maladie.

Pierre : rhodochrosite à porter en pendentif sur le plexus solaire.

> Hôte indésirable, virus exécrable
> Enclenche ta sourdine
> Fais taire tes trompettes
>
> Le feu en moi s'amenuise
> De blessures, il ne restera point
>
> Tu es effacé de ma vie
> Je recouvre la santé

Constipation
À réciter tel un mantra pendant un massage sur le ventre dans le sens des aiguilles d'une montre et/ou plusieurs fois par jour jusqu'à régularisation du transit. Cette prière doit être accompagnée d'un régime alimentaire adapté.

> Par le pouvoir de l'eau, des fibres et des principes apaisants
> Tournant, tournant, dans le sens du soleil
> Massant, massant, matières fuyantes
> Que bien vite mon transit se régularise

Diarrhée
À réciter tel un mantra pendant un massage doux sur le ventre dans le sens inverse des aiguilles d'une montre et/ou plusieurs fois par jour jusqu'à régularisation du transit. Cette prière doit être accompagnée d'un régime alimentaire approprié.

> Par l'esprit de la retenue
> Je te demande
> De cesser l'écoulement
> Instamment

Prière pour le foie
Imaginer une topaze jaune posée sur le foie, diffusant des ondes de guérison et réciter cette prière.

> Colère rentrée
> Paroles étouffées
> Exprimez-vous
> Parlez
>
> Il est temps de vous adresser
> À ce qui vous irrite
> À ce qui vous hérisse
> Pour éviter de vous nuire

Calculs biliaires

Cette prière est à réciter trois fois par jour en phase aiguë, une fois par jour en préventif.

Plante : Chardon-Marie à consommer sous la forme préférée par la personne. Posologies et dosages sont donnés par les fabricants, s'y référer.

>Torrents de bile
>Pluies acides
>Trouvez votre équilibre
>
>Le feu de la colère, de la rancune
>Des sentiments non digérés
>Faiblit lorsque j'accepte
>De régler le conflit
>
>Je fais appel
>Aux intelligences universelles
>Pour m'inspirer la vue claire
>
>Acceptez mon pas d'acceptation
>Pour un bond vers la guérison

Partie V
L'ÉCORCE

La psyché

Trac
Prière à réciter plusieurs fois avant toute intervention en public avec une goutte d'huile essentielle de laurier noble sur le cou dans le creux des clavicules.

> Ô anges de la communication
> Et armoise magique
> Ouvrez la voie
> Au Verbe sacré
>
> Que mon intervention parlée
> Soit la vôtre
> Aidez-moi à toucher le cœur
> Selon votre parfait dessein

Crise de panique, crise d'angoisse
Ce mantra est à réciter en boucle durant la crise.

> Donnez-moi de l'air
> Donnez-moi de l'aide
> Venez vite à mon secours
> Protection, calme et délivrance

Anxiété
Cette prière de la paix est à réciter à tout moment lorsqu'un état anxieux se manifeste ou trois fois par jour pour les personnes en proie à des épisodes aigus pénibles. En prévention, pour stabiliser l'état psychique, elle peut être prononcée une fois par jour le matin ou au coucher suivant la préférence.

>Sois en paix, cher… (nom de la personne)
>Sois en paix là où les vagues te submergent
>
>Tiens bon le fil d'or de la vie
>Ne le lâche sous aucun prétexte
>Car autour de toi
>Une armée de bienfaiteurs agit
>Pour te souffler la paix
>Pour t'insuffler l'énergie
>Lorsque tu penses que c'est fini
>Rien n'est fini dans un tel chaos
>Défais ton armure de peurs
>Ouvre tes épaules
>Et accueille le flux de la vie
>
>Sois confiant(e) pour toujours
>Sois certain(e) que le meilleur t'appartient
>Les épreuves arrivent
>Parfois, tu ne les assimiles pas
>Tu ne les comprends pas
>Mais nous sommes là
>Pour éclairer ta route
>Te ramener à elle
>Pour ta réalisation complète
>
>Sois confiant(e) dans la beauté de ton âme
>Vois la vie comme un cadeau à chaque pas
>Accroche à ton cœur mille occasions de bonheur
>Et sois en paix

Terreur nocturne, cauchemars (enfants)
Ce petit mantra aidera l'enfant à se renforcer, à se donner du courage pour se rendormir en toute sécurité. Les parents peuvent le réciter plusieurs fois de suite avec lui.

À partir de 3 ans, il est possible d'appliquer une ou deux gouttes d'huile essentielle de lavande fine sur le drap ou l'oreiller avant l'endormissement (préventif) ou après la terreur nocturne.

> Le courage est mon bouclier
> La confiance est mon épée
> Je me rendors avec sérénité

Dépression
Cette prière doit être récitée trois fois par jour pour insuffler de la vitalité, une fois par jour en prévention des épisodes dépressifs.

Pierres : œil de tigre, tourmaline noire, citrine portés en bracelet ; quartz rose porté dans la poche ou posé sur la table de nuit.

> Ô protections divines, célestes et cosmiques
> J'en appelle à vos bras tutélaires
> Pour me porter vers la lumière
> J'en appelle à vos énergies diffuses
> Pour m'en instiller la fulgurance
> J'en appelle à vos clés parfaites
> Pour que je sache déverrouiller les bonnes portes
>
> Ô protections divines, célestes et cosmiques
> Répandez en moi l'étincelle du rayonnement
> Pour la joie d'être en vie

Deuil
La période de deuil est parsemée d'étapes variées pour parvenir à l'acceptation de la situation. Des sentiments forts et contradictoires nous traversent. Cette prière aidera à apaiser, à transformer, à accepter.
À réciter matin et soir pendant les périodes vives, puis à la convenance de chacun en fonction de son évolution dans le processus de deuil.

Pierre : améthyste posée à côté de soi ou portée en pendentif ou bracelet.

>Relevez-moi des abysses du désespoir
>Relevez-moi des torrents de larmes
>
>Au sentiment de perte et au manque
>J'accroche des rayons de lune scintillants
>
>Donnez-moi la lumière de la torche
>Donnez-moi le réveil des heureux
>
>Au sentiment d'isolement et d'apathie
>J'accroche des éclats d'étoiles
>
>Je perçois le doux souvenir
>Je perçois la tendresse nouvelle
>
>Déjà le voile se lève
>Sur ton sourire radieux
>
>Je suis en paix

La fatigue

Fatigue psychique
Cette prière, tel un mantra, peut être récitée plusieurs fois par jour pour nous aider à surmonter les états de fatigue et nous aider à assurer nos activités quotidiennes.

À coupler avec la prière pour retrouver la foi, l'énergie.[13]

> À vous, esprits des airs
> Infatigables et œuvrant toujours
> Partagez votre vigueur avec moi
> Maintenez-moi dans l'ardeur et la bonne humeur

---

13. *Prières de vie de l'Empereur Jaune*, op. cité.

Partie VI

LES BRANCHES

Le système neurologique

Maux de tête, migraine
À réciter dès le début des symptômes, tel un mantra.

> Migraine, céphalée
> Pâquerette et menthe des champs
> En couronne déposées sur ma tête
> Me bercent et m'affectionnent
> Tension et douleur
> Partez

Insomnie
À réciter au moment du coucher, plusieurs fois de suite si souhaité.

Pierres : quartz rose et améthyste sous l'oreiller.

> Je lâche prise
> Prenez mon âme et bercez-la
> Je m'endors
> Prenez soin de moi et protégez-moi

Les vertiges

Visualiser devant soi une pierre tourmaline noire, tout en récitant plusieurs fois de suite cette prière.

>Tourmaline, « tourmaligne »
>Protège-moi des vertiges
>Redresse-moi
>Et plante en moi
>Les racines de la stabilité
>Tourmaline, « tourmaligne »
>Protège-moi

Partie VII

LES BOURGEONS

Les yeux

Conjonctivite
Prière à réciter dès les premiers symptômes ou au moment des soins.

> Lys divin aux gouttes sacrées
> Baigne mes yeux de ton sublime nectar
> Pour faire fuir l'infection
> L'infection de mes yeux

Glaucome
Cette prière est à prononcer une fois par jour en état d'équilibre, ou trois fois par jour en période de crise.

> Olivier majestueux
> Descends ta paix et ta stabilité en moi
> Que les énergies extérieures
> N'entament pas le flux de ma sève
> Besoin de calme
> Besoin d'être préservé(e)
>
> Guides célestes
> Entendez mon appel
> Pour un équilibre tensionnel parfait

Les oreilles

Presbyacousie
Prière à réciter une fois par jour, deux semaines par mois, pour préserver la santé de ses oreilles.

> Par l'intervention de la clarté
> Donne-moi l'acuité
> Pour entendre le chant mélodieux
> De la vie sans soucis
> Voilà, c'est dit

Otite (enfant)
À répéter autant de fois que l'on veut, comme une comptine, durant la phase aiguë de l'otite. Elle décentre l'attention de l'enfant et lui donne la force de lutter.

> Zip zap tu retapes
> De mon oreille, douleur, tu t'échappes

Partie VIII

LES FEUILLES

Le système respiratoire (poumons, bronches)

Toux
Prière à réciter trois fois par jour jusqu'à amélioration des symptômes.

> À toi calament[14] calmant
> Je confie la tâche divine
> De diriger ton armée
> Sur les prétentieux ennemis
>
> Tousse et crache
> C'est la dernière fois
> Tousse et recrache
> C'est bien fini

Asthme
Cette prière est à réciter tel un mantra durant la phase aiguë. Elle est aussi très utile pour aider à stabiliser le terrain et agir en prévention des crises. Dans ce cas, elle sera récitée une fois par jour.

> Sagesse infinie
> Intelligence de mon corps
> Dégage mes bronches
> Rends-moi mon souffle

---

14. Le mot « calament » désigne une dizaine d'espèces de plantes proches de la menthe.

Allergie respiratoire
Cette prière agit surtout pour la prévention et l'amélioration du terrain de la personne allergique. Elle est à réciter une fois par jour en conscience.

Pierres : aigue-marine et émeraude sur le plexus solaire.

>L'Univers est mon gilet de protection
>Mon filet de guérison
>
>Ô forces bénéfiques de la nature
>Prenez votre place contre le mal
>
>Je respire, je resplendis

Partie IX
LES FLEURS

Le système endocrinien (thyroïde, glandes surrénales, pancréas)

Maladie métabolique
Cette prière est à réciter deux fois par jour en même temps que la prise des traitements s'il y en a, jusqu'à amélioration de la situation.

> Que le mystère de la vie agisse
> Pour me rendre maître (maîtresse) à nouveau de moi-même
> De mon corps, de mon esprit
>
> Que le mystère de la vie circule
> En mon être corporel, mental et spirituel
>
> Que le mystère de la vie me porte
> Et décide avant toute chose
> D'agir pour mon bien-être et ma santé
>
> Rien ne se retourne contre moi
> Chaque cellule résonne de sa propre vibration d'amour
> Les processus s'inversent et je choisis la vie

Partie X
LES FRUITS

L'inflammation

Cette prière peut être énoncée pour tous les états inflammatoires, qu'ils soient chroniques ou aigus. Elle peut être employée seule ou associée à une autre ciblant plus précisément le problème.

Pierre : ambre portée en bracelet.

> Par les énergies terrestres et célestes
> J'implore votre bon secours
> Pour rétablir en moi loi et équilibre
>
> Laissez s'infiltrer la douceur alcaline
> Le manteau satiné
> Abritant mes systèmes acides
>
> Laissez fondre les substances toxiques
> Les impuretés délétères
> Empoisonnant mon temple
>
> Je vous remercie du plus profond de mon être

L'infection

Pierre : cristal de roche pour tous les états infectieux.

Fièvre
Prière à prononcer au moment des épisodes de fièvre.

> Feu guérisseur
> Emballant mon cœur et mon corps
> Réduis ta puissance
> Tout en activant
> Les champs d'ondes
> Propices au changement

Grippe
Cette prière est à réciter trois fois par jour jusqu'à amélioration des symptômes.

> Que j'expulse
> Que je crie
> Je récupère mon énergie
>
> Conflit repéré non accepté
> Je délivre mon cœur
> De ce qu'il a trop réprimé
>
> Élancé(e) sur ma voie
> Rien ne m'arrête
>
> Je suis guéri(e)

Plaie infectée
Cette prière est à réciter au moment des soins jusqu'à amélioration de la situation.

>Saint Eusèbe
>Par ta droiture, ton dévouement
>Et la grandeur de ton âme
>Conduis-moi
>Sur le chemin de la régénération
>Afin que ma plaie
>Se referme définitivement
>Recouds les bords
>Rassemble les chairs
>Nettoie les germes
>Qu'à jamais se referme
>Cette plaie infâme

Abcès
Ces prières sont à réciter au moment des soins jusqu'à disparition des symptômes.

– Panaris

>Libère-toi de tes chaînes
>Nul besoin de chauffer, de bouillonner
>
>Je t'écoute, je t'entends
>Le cœur battant de la rébellion
>
>Écoute-moi, entends-moi
>Et je disparaîtrai sans rébellion

– Gangrène

Gangrène,
À personne tu ne nuis
Tu pleures, tu roucoules ou tu ris
À présent personne tu n'ennuies
De ce corps, tu t'enfuis
Gangrène, tu fuis, tu t'enfuis, tu refuis

– Infection grave

Prière à réciter plusieurs fois par jour (minimum trois fois) en conscience jusqu'à apaisement de la situation.

Hôtes indésirables
Sortez de mon corps
Qui n'est plus une terre d'accueil

Hôtes indésirables
Ne semez pas vos graines de l'horreur
Mais partez tout de suite

Partez et ne vous développez plus
Mon corps est pur et lumineux
Il ne vous accepte plus

Le système ORL

Pierre : cornaline portée en pendentif pour les rhumes et sinusites.

Sinusite, nez bouché
Mantra léger à répéter autant de fois que souhaité pour retrouver une respiration nasale facile.

>   Air de sapin, soin du jardin
>   Libère mes chemins
>   Pour qu'à nouveau murmure
>   Le vent de la Vie

Rhume
Prière à réciter trois fois par jour jusqu'à amélioration des symptômes.

>   Eucalyptus, sapin et myrte sauvage
>   Je vous invoque humblement
>   Pour faire cesser l'écoulement
>   Pour libérer les voies aériennes
>   Pour qu'à nouveau
>   Le souffle de la vie m'envahisse
>
>   Air pur régénérateur de cellules
>   Transforme et soigne
>   Transmute et guéris

Aphtes

Prière à réciter autant de fois que souhaité jusqu'à amélioration.

> Citron merveilleux
> Apporte tes enzymes cicatrisantes
> Pour éliminer les aphtes envahissants
> Et soulager ma bouche
> Des douleurs incessantes

Angine

Cette prière doit être prononcée trois fois par jour jusqu'à amélioration.

Pierre : aigue-marine portée en pendentif.

> Agonie de mes maux
> Survivance de ma répartie
> Rien ne m'est impossible
> Tout est dit
>
> À partir d'aujourd'hui
> Rien qui ne doit sortir
> Restera dans mon Panthéon
>
> J'utilise ma sentence
> Pour le bien de mon existence

Aphonie, enrouement
Prière à réciter en son for intérieur ou dans un murmure, trois fois par jour jusqu'à ce que la voix revienne.

> Cri étouffé, voix enrouée
> Contraint(e) au silence
> Je m'abandonne
>
> Entendez ma complainte
> Entendez mon impuissance
> Retenez-moi dans votre étreinte
> Et relâchez le fiel
>
> Puisse la voix de mon âme
> Trouver l'accord parfait
> Avec la tonalité de ma vie

Mal de dent
Cette prière est à prononcer avec une pierre fluorine posée sur la joue à proximité de la douleur. À réaliser plusieurs fois par jour, autant que le besoin se fait sentir.

> Douleur
> Évapore-toi dans l'espace
> Dilue-toi dans le temps
> Extirpe-toi de ma bouche
> Un, deux, trois

Partie XI

LA FRONDAISON

La peau

Brûlure légère (1er degré)
Mantra à répéter autant de fois que souhaité ou lors des soins.

> Par les saints dévoués
> Par la lavande retrouvée
> Peau brûlée, peau cartonnée
> Reprends ta souplesse et ta douceur

Brûlure profonde (2e et 3e degré)
Cette prière est à réciter en intensif (plusieurs fois dans la journée) et lors des soins.

> Ô saints protecteurs, amis de l'Univers
> Je fais appel à vous
> Pour guérir couche par couche
> Ma peau
>
> Feu transi, feu stoppé
> L'heure est à la reconstruction couche par couche
>
> Agissez avec efficacité
> Pour faire disparaître
> Douleur et rougeur
> Chaleur et fureur

Dartre et eczéma
Prière à réciter lors des soins de la peau.

Pierre : ambre posée sur la peau.

>Que la caresse divine
>Promène sur ma peau
>Les remèdes à l'angoisse

>Que la douceur angélique
>Abaisse mes défenses
>Jusqu'à l'abandon suprême

Urticaire
Prière à réciter deux fois de suite dans la phase aiguë, puis deux fois par jour si besoin.

>Les feux rouges de mon corps
>S'allument les uns après les autres

>Les feux rouges de mon âme
>Transmettent le message

>Pourquoi ne pas dire
>Ce qui me tracasse tant

>Pourquoi ne pas rire
>Devant cette absurdité

>Aidez-moi à contrôler ma peur
>Protégez-moi pour le meilleur

Verrue
Cette prière est à énoncer avec la certitude que nous demanderons à la fin à la verrue de disparaître avec détermination et foi.

>Veux-tu que je parte
>Parle-moi
>
>Veux-tu que je m'efface
>Libère-toi
>
>Émotions à fleur de peau
>Concentrées en un point de ton corps
>
>Dis-moi de partir
>Et je m'effacerai

Herpès
Prière à réciter à chaque soin. Cette prière peut être utilisée en prévention, une fois par jour.

>Pleurs, sanglots et cris rentrés
>Plus de larmes, plus d'exhibition
>Cessez le spectacle affligeant
>De votre souveraineté déchue
>
>Par la pleine force
>Du Seigneur lumineux
>Courez et disparaissez

Zona
Cette prière est à réciter plusieurs fois par jour, en particulier lorsque les douleurs sont vives.

Pierres : sur les zones douloureuses, poser une pierre d'ambre, d'améthyste et de sélénite.

> D'est en ouest, du nord au sud
> De la hauteur à la profondeur
> Je nettoie, je fortifie
> Je barre la route aux imposteurs
>
> Feu violent
> Dégage de mon être
> Je rétablis mes circuits
> Maintenant et pour toujours

Les cheveux

Alopécie
Pour favoriser la repousse des cheveux et quitter l'angoisse liée à leur perte, cette prière offre un soutien en la récitant matin et soir.

>Cher univers informé
>Je t'offre ma peur
>Je te dédie ma terreur
>
>D'un éclair tu pulvérises
>Le traumatisme figé
>
>Je te permets de nettoyer
>
>Envole ma souffrance
>Mes pores se resserrent
>Mes cheveux surgissent à la surface
>Et, sans crainte, poussent
>Plus vigoureux et solides que jamais
>
>Merci de me comprendre
>Merci de m'accepter
>Avec mes faiblesses indicibles
>Pour qu'un être fort
>Émerge du néant de la douleur

Les parasites

Parasitose
Ténia, gale, poux, oxyures, etc.

Cette prière renforce l'action des soins engagés pour se débarrasser des parasites en créant par l'intention une barrière d'acidité dans le corps et agissant comme répulsif. Les parasites deviennent des hôtes indésirables et renoncent à pénétrer l'organisme.

> Dehors
> Que mon corps soit mon temple
> Sans invités
> Sans parasites
> Dehors

Partie XII

L'AURA DE L'ARBRE

La puissance énergétique

Cette prière, à prononcer quand on le souhaite, augmente le taux vibratoire et le rayonnement de l'aura.

    La matière, vibrante d'amour
    Rayonne, rayonne encore

    Le rire enchanteur de mes cellules
    Propage la douceur et l'innocence

    À la pleine réalisation de mon être
    Je confie le soin
    D'irradier la planète
    Pour le bien de tous
    Pour le bien de l'Univers

À l'orée d'une nouvelle ère

À l'heure où je termine ces pages, des milliers d'étoiles viennent illuminer la toile céleste. Leur scintillement nous rappelle qu'une constellation se crée par la connexion aux autres et c'est ainsi que se forment les dessins féeriques du cosmos. Ces derniers nous invitent à les dépasser pour oser découvrir au-delà de leurs barrières, au-delà de la nuit.

Il est temps de retrouver le lien sacré à l'Univers, à la Terre, aux forces invisibles, aux plantes, aux animaux, aux minéraux et à nous-mêmes.

Cet état de présence au monde deviendra notre respiration, et la prière en est l'un des instruments. Nous reprenons alors contact avec notre être, avec notre corps, et découvrons les tissages oubliés entre eux. Corps et âme déclinent une intelligence du vivant fascinante où se rencontrent tous les possibles. Croyez en vous, en la vie qui pulse à l'intérieur de vos cellules.

L'Empereur Jaune nous incite à continuer encore et encore, à ne pas arrêter ce processus qui débute, à laisser entendre nos voix s'élever ensemble pour créer l'énergie de guérison. En effet, chacun possède la capacité innée – ce n'est pas un don – pour diriger cette force vers la santé, que ce soit la sienne ou celle des autres. Nous sommes donc tous des guérisseurs en puissance.

Connectez-vous à l'amour, posez vos mains, sentez l'énergie vibrer, se disperser, lever les blocages et circuler.

Les prières de guérison sont désormais vôtres. Comme un artisan chevronné, vous aurez vos préférées, celles que vous connaîtrez d'emblée par cœur. Pour celles qui vous semblent difficiles, libre à vous d'en changer quelques mots ou une tournure de phrase. Vous approprier votre outil est essentiel pour créer l'intimité et la puissance.

Faites s'envoler vos prières tels des papillons, distribuez-les sans retenue et visez la libération du corps et de l'âme ! Le résultat ne nous appartient pas, il est dans le cœur à cœur de chacun avec la Source de vie, mais notre rôle consiste à favoriser ce partage.

La prière pour soi ou pour l'autre éclaire une voie de pureté sublime, en produisant des ondes bénéfiques sans limites. Alors partez à la découverte infinie du pouvoir des mots et des intentions, observez et... vivez.

Amaya Chu Shen

PRIÈRES DE SOUTIEN DE L'EMPEREUR JAUNE

Introduction

Ce livre est le troisième opus de la collection des prières de l'Empereur Jaune (黄帝, Huángdì). Premier des cinq empereurs mythiques de la Chine, il est considéré comme le père de la civilisation chinoise et de la médecine traditionnelle chinoise, et aurait vécu entre 2698 et 2598 avant J.-C. Néanmoins, son inépuisable connaissance continue à nous parvenir via une expérience vécue au-delà de ce qui est imaginable.

Par exemple, elle peut nous propulser des milliers d'années en arrière auprès de lui pour cueillir des plantes utiles à un cataplasme ou préparer une tisane de feuilles de théier que nous sommes allés chercher ensemble dans ses montagnes. Ces excursions riches de détails et d'apprentissages feront l'objet d'un prochain livre. Ainsi, par les soins qu'il nous enseigne et conduit avec nous, l'Empereur Jaune agit sans barrières entre les mondes et les époques ; et réciproquement lorsqu'il vient nous chercher.

Nous avons déjà bénéficié de trente-neuf prières de vie destinées à la santé en général, à la croissance spirituelle, à la gestion des émotions, aux âges de l'existence, à l'activité professionnelle, au succès, entre autres.[1] Ces prières abordent aussi des thèmes plus précis comme l'accompagnement des personnes mourantes, les moyens de protections pour les thérapeutes, la santé des animaux ou des plantes, la purification des lieux. Le deuxième volume comprend soixante-quinze prières de guérison pour différentes maladies, regroupées selon les parties d'un arbre représentant les zones du corps humain telles que les a définies l'Empereur Jaune.[2] Ce sont de merveilleux outils d'accompagnement dans une vision holistique des maladies.

---

1. *Prières de vie de l'Empereur Jaune*, A. Chu Shen, Talma Studios, 2023.
2. *Prières de guérison de l'Empereur Jaune*, A. Chu Shen, Talma Studios, 2024.

Cette fois, il s'agit de cent quarante-quatre prières, qu'il a lui-même choisies pour nous tous.³ Elles sont à l'état « brut », c'est-à-dire sans commentaires concernant leur utilisation, car il a expliqué vouloir laisser libre cours à votre intuition quant à la « posologie », donc le rythme ou la fréquence des prières. C'est pourquoi vous ne trouverez pas de mode d'emploi.

Ces prières de soutien traitent de maladies difficiles, parfois rares ou chroniques, la plupart du temps éprouvantes, douloureuses, invalidantes. Comme à chaque fois, il ne sera jamais question de remettre en cause vos traitements et démarches de soins. Au contraire, nous sommes dans la pleine coopération des compétences.

L'Empereur Jaune nous encourage à intégrer la prière comme un souffle permettant une communication entre soi, l'Univers et la maladie. Il nous emmène sur les chemins de la confiance en nos protections personnelles, ainsi que de la foi en nos capacités inexplorées de guérison.

Il transcende tous les espaces, visibles ou invisibles, toutes les « divinités » quelles que soient les religions et les spiritualités, toutes les instances capables d'apporter une aide pour le bien des humains, mais aussi pour le monde végétal, les animaux, les minéraux… Chaque fois qu'une prière est prononcée, elle mobilise l'énergie de l'Empereur Jaune, qui intercède en notre faveur, car il la reconnaît, d'où l'importance de la répétition des mots. Elle crée le lien d'intimité qui réconforte et dont nous avons besoin aux différentes étapes de la maladie.

Ces prières de soutien sont écrites pour être récitées pour soi-même, mais elles peuvent être transformées pour être adressées à autrui.

Telle que nous pratiquons la prière, hors dogmes religieux, elle participe à la respiration de notre âme. Fondement de notre

---

3. NdÉ : Il y a 144 prières, mais elles concernent 159 maladies et plus, car il est précisé lorsqu'une prière est à utiliser pour des pathologies proches.

appartenance à tous les mondes, elle se veut aussi reliance entre notre nature visible et celle de l'invisible, pourtant tellement présente.

Nous avons décrit dans nos livres précédents comment prier, comment optimiser l'intention de la prière et il nous semble désormais essentiel que chacun(e) explore à sa façon cet univers, afin de s'en approprier les bienfaits. Lorsque nous prions, aucune règle ne prédomine quant à la façon de faire. Seules comptent la présence dans le cœur et l'intention de dispenser le bien. C'est essentiel, qu'elles soient prononcées intérieurement ou à voix haute, selon votre préférence.

Certaines prières trouveront un bénéfice à être associées à celles déjà publiées. Voici quelques indications qu'il nous a transmises :

– toutes les prières seront renforcées par les prières générales autour de la santé du volume 1 (*Prière pour la pensée créatrice en santé, Prière pour le maintien en santé, Prière pour les miracles, Prière pour les énergies nocives, Prière pour la douleur,* etc.) ;[4]

– la prière pour les cancers, généraliste dans le volume 2, trouve ici un approfondissement avec des prières spécifiques pour des types de cancers précis.[5] Il est possible de réciter les deux (l'une le matin, l'autre le soir, par exemple) ;

– les maladies auto-immunes seront identifiées par « AI » à côté du titre. Ces prières seront soutenues par celle pour *Les cancers, les maladies auto-immunes* du volume 2 ;[6]

– les traitements et actes de soins prescrits par votre médecin peuvent être optimisés par la prière pour la *Prévention par dynamisation des médicaments ou compléments alimentaires* du volume 2 ;[7]

---
4. *Prières de vie de l'Empereur Jaune*, op. cité.
5. *Prières de guérison de l'Empereur Jaune*, op. cité.
6. *Prières de guérison de l'Empereur Jaune*, op. cité.
7. *Prières de guérison de l'Empereur Jaune*, op. cité.

– toutes les prières seront renforcées par celles du chapitre *La croissance spirituelle* du volume 1. Laissez votre intuition vous guider sur celle qui vous correspond le mieux, laissez-vous attirer vers celle qui vous appelle ;

– parfois, certaines maladies s'accompagnent d'émotions fortes. Les prières du chapitre *Sentiments* du volume 1 vous aideront à faire face ;

– la prière pour *La déprogrammation de la maladie* du volume 2 est un puissant allié pour démanteler les schémas de construction et d'action de la maladie ;[8]

– après guérison ou période d'accalmie, la prière pour *La reprogrammation cellulaire* et celle pour *La prévention des récidives* (volume 2) assurent la consolidation de ce qui a été accompli ;[9]

– les soins aux maladies infectieuses se trouveront renforcées par la prière pour *L'infection* du volume 2 ;[10]

– les maladies inflammatoires seront adoucies par la prière pour *L'inflammation* du volume 2 ;[11]

– l'état maladif occasionne souvent de la fatigue. Votre vitalité sera soutenue par la prière pour la *Fatigue psychique* du volume 2.[12]

Contrairement aux prières de guérison, qui reliaient chaque système du corps humain aux parties d'un arbre, nous répartirons ces textes par type de maladie, puis par ordre alphabétique.

Puissent ces prières changer votre regard sur la maladie et la guérison.

Puissent-elles vous soutenir dans la découverte des cordons

---

8. *Prières de guérison de l'Empereur Jaune, op.* cité.
9. *Prières de guérison de l'Empereur Jaune, op.* cité.
10. *Prières de guérison de l'Empereur Jaune, op.* cité.
11. *Prières de guérison de l'Empereur Jaune, op.* cité.
12. *Prières de guérison de l'Empereur Jaune, op.* cité.

de dépendance qui existent entre santé et psyché, afin de (re)trouver l'état d'équilibre.

Puissent-elles vous aider à aller mieux, voire à guérir.

L'Empereur Jaune et la maladie
En dehors des prières, l'Empereur Jaune continue à nous enseigner, à distiller ses perles de sagesse. Voici ses réponses lors d'un échange concernant le rôle de la maladie :

« Pourquoi ne pouvons-nous pas apporter une aide à chaque personne qui souffre ? »[13]

Que fais-tu du libre arbitre ?

Que fais-tu de la possibilité pour un Homme de décider de son sort ?

Pourquoi penser que guérir, c'est ôter la maladie ?

Peut-on guérir tout en étant malade ?

Peux-tu répondre à cela ?

Guérir s'accompagne de la compréhension et de l'acceptation

Toute personne qui accède à ces deux aspects est libre de sa souffrance

L'Homme doit quitter le « vouloir » et céder la place à plus grand que lui

Il se positionne toujours en grand maître des situations, invitant ses meilleurs scientifiques ou médecins pour régler les problèmes de santé des gens

Mais c'est l'erreur que vous commettez

D'abord, interrogez la personne pour connaître ses intentions

Souhaite-t-elle être guérie ?

---

13. Mes questions sont entre guillemets, et ses réponses sont toujours, comme dans les deux précédents volumes, avec une ponctuation minimale, et plus encore dans les prières. Seuls apparaissent les points d'interrogation.

En dernier recours, pourquoi mourir serait un échec ?

Un échec pour qui ? Pour le médecin qui ne peut prouver que son traitement agit ? Pour le malade qui part avec son mal ?

Pourquoi vos sociétés condamnent-elles la maladie ?

Combien de vos malades se sentent-ils coupables de leur état ?

Et si nous voyions les choses différemment ? Es-tu d'accord pour essayer ?

« Oui, je le suis, c'est passionnant. »

Imagine un monde où la maladie serait honorée

Cela te paraît étonnant ?

Vous êtes conscients que la maladie est un état désagréable lorsqu'elle engendre des souffrances, de la douleur, des limitations, des handicaps, etc.

Mais, au lieu de la nier, de la condamner, de lui en vouloir, de vous en vouloir, ouvrez-lui votre porte, faites-lui de la place sur votre canapé

Accueillez-la comme un hôte de marque

Pourquoi ?

La réponse est simple : dans votre façon de voir les choses, vous vous identifiez à votre maladie

La maladie, c'est vous, n'est-ce pas ?

Elle est en vous, elle fait partie de votre être, elle est vivante en vous

Alors, l'accueillir comme une amie, c'est d'abord vous respecter, ne pas vous nier, ne pas vous en vouloir

Si vous abordez la maladie avec envie de la fuir, vous ne créerez aucune alliance pour évoluer ensemble

La maladie s'est développée en vous, mais est-elle vous ?

Non, elle ne vous définit pas, même si vous devez passer de longues heures par jour à vous en occuper

Elle ne fait pas de vous un humain uniquement déterminé par le fait qu'il est malade

Elle est née en vous, elle a pris place en vous, mais elle n'est pas vous

C'est une entité à part, que vous pouvez mettre à distance

Mais cette distance ne peut s'opérer que si vous l'avez d'abord accueillie

Est-ce compréhensible ?

« Parfaitement »

Nous autres, Chinois, abordons la maladie comme une perturbation du qi[14] fondamental, un dérèglement affectant l'humain

Pour vous, à votre ère, il est plus difficile d'évoluer dans le soin des maladies, car vous devez gérer ce qui n'existait pas de mon temps : le stress

Vous êtes entourés, pénétrés de stress divers, dont les plus importants sont les pollutions : ce que vous touchez, ce que vous ingérez, ce que vous respirez est vicié, mais vous oubliez aussi souvent ce que vos yeux et oreilles perçoivent

De plus, les vibrations des ondes emplissent vos espaces confinés faisant de vous des êtres en prison

Vos bébés se créent dans des matrices pauvres en énergie, affaiblies par un environnement délétère

Les sons et les environnements sont laids s'ils sont artificiels, reléguant la nature au rang d'exception

Vos bébés sont nourris au lait artificiel, portent des tissus synthétiques, sont aspergés de produits tels des vaccins dès leur naissance

---

14. Le qi ou chi est un fluide non perceptible qui crée et anime l'univers et toute forme de vie, dans les cultures asiatiques.

Je ne dénigre pas les vaccins, mais ont-ils leur place dans des organismes si jeunes, pour lesquels les barrières de protection ne sont pas encore érigées ?

Le fer, le plastique envahissent leurs sphères d'exploration, alors que le bois réchaufferait leurs corps fragiles, les rendraient plus forts contre les agressions en rehaussant leur énergie vitale

Laissez les bébés jouer sur le parquet

Les enfants mangent très tôt des composants irritants pour leur organisme, et vivent dans un monde qui bouge tout le temps

Pas étonnant qu'il y ait tant de problèmes visuels ou de concentration

Tout bouge autour

Les repères même de la vie quotidienne s'agitent en permanence

Les compositions familiales se font et se défont, les étages générationnels ne sont plus respectés

La maladie trouve un berceau bien adapté pour elle dans un tel contexte

Elle sait cependant se montrer coopérative et sait se mettre en sourdine voire disparaître lorsqu'elle n'a plus aucun rôle à jouer

L'intégrer dans sa vie comme une alliée, c'est accélérer le processus de guérison

Elle ne demande comme vous qu'à être écoutée et prise en compte

Après ces remarques préliminaires, il est temps de passer aux prières.

Les maladies cancéreuses

Chaque prière de ce chapitre peut être couplée à la prière pour *Les cancers, les maladies auto-immunes* du volume 2.[15]

À l'exception de la dernière prière de cette partie, chacune débutera par :
Seigneur de l'Univers
Anges présents et puissants

Cancer particulier de l'enfant
Seigneur de l'Univers
Anges présents et puissants
Guérissez ... (nom de l'enfant)
De l'injustice dont il est victime
Qu'il retrouve sa candeur
Dans son corps innocent
Que la souffrance s'évapore
Et transforme le ruisseau étranglé
En source jaillissante
Merci

Cerveau
Seigneur de l'Univers
Anges présents et puissants
Aux sources de la mécanique de mon corps
Désamorcez les courts-circuits
Levez les obstacles
La route est libre et ma pensée est agile
De un, de deux
Je suis en vie et mon moteur est l'entrain

---
15. *Prières de guérison de l'Empereur Jaune*, op. cité.

Col de l'utérus
Seigneur de l'Univers
Anges présents et puissants
Que la matrice réceptacle de la graine
Choisisse la vie pour me remplir
Que je puisse m'y lover
Pour renaître à moi-même
Afin d'exalter ma joie d'être vivante sur Terre
Faites pleuvoir sur moi les gouttes du réconfort
Je suis aimée et j'aime en retour

Côlon
Seigneur de l'Univers
Anges présents et puissants
Permettez le nettoyage
De tous mes canaux de communication
À chaque instant, dans chaque interstice
Nettoyons la lignée, les crasses incrustées
Pour que je puisse me libérer
Amen[16]

Estomac
Seigneur de l'Univers
Anges présents et puissants
Acceptez mon humble demande
Aidez-moi dès à présent
À comprendre ce qui ne passe pas
Ce que je garde en moi
Sans pouvoir métaboliser ni transformer
Permettez-moi la perspicacité
Pour délivrer mon être des chaînes de l'ignorance
Merci pour la bienveillance, la douceur, la tolérance

---

16. Comme précisé dans le premier volume, le mot *Amen* nous avait étonné, car il ne correspond ni à l'époque ni à la civilisation de l'Empereur Jaune. Il nous avait alors répondu qu'il s'adapte à celles et ceux avec lesquels il échange.

Foie
Seigneur de l'Univers
Anges présents et puissants
Libérez-moi instamment
Et sans retour
Du mal de mon foie
Aidez-moi à apaiser les colères rentrées
Le sentiment d'injustice et de trahison
Que le feu purifie sans détruire
Je suis prêt(e)

Intestin grêle
Seigneur de l'Univers
Anges présents et puissants
Le temps va trop vite
Je n'ai pas le temps d'absorber
Les évènements de ma vie
Permettez-moi d'apaiser le stress
De libérer mon corps et mon esprit
Des injonctions à aller toujours plus vite
Je ralentis
Le mal s'en va
Merci

Leucémie
Seigneur de l'Univers
Anges présents et puissants
Soyez à mes côtés
Pour nettoyer, pour purifier avec moi
La ronde des globules est prête
Je danse avec la vie
Qui coule dans mes veines
Comme un jeune torrent
Découvrant son chemin
Je suis heureux(se)
Je vous suis reconnaissant(e)

Lymphome
Seigneur de l'Univers
Anges présents et puissants
Aidez-moi à dresser des barrières efficaces
À reconnaître mes ennemis avec perspicacité
Donnez-moi l'amour de moi
Pour que jamais je ne me trompe de cible
Tout est parfait
Mon corps fonctionne à la perfection
Merci

Œsophage
Seigneur de l'Univers
Anges présents et puissants
Enlevez de ma route
Les obstacles grossiers
Qui entravent ma progression
Je ne veux plus être gavé(e)
Je ne veux plus être pollué(e)
Par ce que l'on tente de m'imposer
Je suis fort(e)
Je suis stable
Grâce à vous, merci

Os
Seigneur de l'Univers
Anges présents et puissants
J'ai besoin d'être soutenu(e)
Par votre constante assistance
Qu'à vous seuls, vous puissiez ériger
Les fondations de mon domaine
De ma robustesse naîtra ma valeur
Je suis un être précieux et aimable

Pancréas
Seigneur de l'Univers
Anges présents et puissants
En ce lieu caché et peu accessible
J'ai amassé mes douleurs les plus secrètes
Puissiez-vous m'aider à les digérer
Pour que mon corps choisisse de vivre
Dans les beautés de la vie
Je suis dans la bascule
Avec vous, j'opte pour la lumière, l'amour et le don
Merci

Peau
Seigneur de l'Univers
Anges présents et puissants
Je ne puis cacher plus
Mon désarroi ni ma fuite
Protégez-moi
Calmez mon tumulte
Je suis en feu
Fuyez œuvres maléfiques
Je suis en bonne santé
Dépouillé(e), lavé(e) et sauvé(e)
Je rends grâce

Plèvre
Seigneur de l'Univers
Anges présents et puissants
Les grandes émotions circulent en moi
Et je ne possède plus de protection efficace
Le filet à papillons ne fonctionne plus
Voile léger qui se reconstitue
Aidez-moi, aidez-moi
À le rendre étanche et souple à la fois
Pour que je puisse respirer
Amplement et librement
Merci

Poumon
Seigneur de l'Univers
Anges présents et puissants
Aidez-moi
Les oreilles de la vie
Écoutent mon cœur pleurer en silence
Alvéoles, palpitez
Il y a du souffle, il y a de la vie
Je veux découvrir encore et encore
Marcher et courir
Rire et jouer
Faites s'envoler les soucis
Emplissez mon air de bulles d'amour
C'est mon souhait le plus brûlant

Prostate
Seigneur de l'Univers
Anges présents et puissants
Dans la loge de mon intimité
J'enferme mes tourments
Mes questionnements et mes tracas
Aidez-moi à casser ma coquille
Pour qu'enfin j'existe
Dépouillé de tout ce qui me freine
Je m'épanouis
Je suis un homme libre
Merci

Rein
Seigneur de l'Univers
Anges présents et puissants
Prenez mes peurs, désintégrez mes soucis
Protégez-moi dans ma lutte
Offrez-moi la guérison
Pour qu'à nouveau dans mon corps
Les échanges s'opèrent dans la fluidité et la pureté de mes systèmes
Amen

Sein (femme)
Seigneur de l'Univers
Anges présents et puissants
Aidez-moi à exister
Pour moi et pour les autres
À connaître l'équilibre entre les deux
Pour ne pas me perdre
Ne pas perdre le lien qui me relie à la vie
Je suis emplie d'amour
Dans le don et le partage que je reçois d'abord de vous
Avant de diffuser
Ma perception change
Je suis une avec l'Univers
Et ainsi accompagnée
Je resplendis dans ma féminité
Tumeur, tu n'as plus lieu d'être
Je suis saine et joyeuse

Testicule
Seigneur de l'Univers
Anges présents et puissants
Permettez-moi d'offrir à mon corps
Une guérison complète de mes cellules
Cet épisode se termine
Il n'entrave pas mon fonctionnement
Je retrouve ma vigueur et mon entrain
Je sais m'arrêter pour écouter
Les signaux de la dévalorisation ou du débordement
Merci

Thyroïde
Seigneur de l'Univers
Anges présents et puissants
Permettez à ces cellules malsaines
Désireuses de freiner mon corps et mon esprit
Désireuses de semer la zizanie dans mon équilibre
De disparaître pour toujours
Nul besoin d'agressions étrangères
Je me protège et augmente mon rayonnement
Je suis fort(e) et protégé(e)

Vessie
Seigneur de l'Univers
Anges présents et puissants
Au siège de mes entrailles
Libérez vos fluides magiques
Pour désagréger tumeur et symptômes
Grâce à vous, mon corps est sain
Propre et lumineux
Merci

Voies aérodigestives supérieures (VADS)
Seigneur de l'Univers
Anges présents et puissants
Au carrefour des fonctions d'alimentation et de communication
Permettez-moi de guérir
Pour accepter la vie comme elle vient
Pour la savourer dans la confiance
Et oser être en toute simplicité
Sans peur du rejet ou des critiques
Je suis unifié(e) au Tout
Je suis lié(e) à vous, présences lumineuses
Je ne crains rien
Je suis en paix

Pour éviter les récidives
En ce nouveau jour béni
Je remercie toutes les instances du Ciel
Me permettant d'être en vie
Et équilibrant tous mes systèmes dans leur fonctionnement
Je suis heureux(se), en paix et stable

Les maladies cardiovasculaires et métaboliques

Accident vasculaire cérébral (AVC)
Anges de lumière
Je vous invoque
Pour me donner la vie sans séquelles
Et sans récidive
Mon cerveau retrouve son fonctionnement
L'AVC n'était qu'un accident
Permettez-moi de rester dans la mobilité des fluides
Et la clarté de la pensée à tout instant
Sans fatigue ni dérangement
Merci

Artérite
À toutes les protections célestes
Faites dissoudre ce caillot
Pour qu'il ne forme aucune obstruction dans ma jambe
Urgence, dissolution
Pour circulation normale et fluide
Amen

Caillot (prévention)
Aux présences célestes protectrices
Je demande la fluidité sanguine
Jour après jour
Sans détour
Merci

Diabète de type 1 (AI pour « auto-immune »)
Diabète de type 2
Je me laisse envahir
Par la douceur de la vie
Harmonie qui me traverse
Réconfort qui pénètre mon intériorité
Merci d'être présentes pour moi, lumières guérisseuses de l'Univers
Je compte sur vous
Pour m'aider à dépasser et à contrôler
Jusqu'aux portes de la guérison

Diabète gestationnel
À vous qui veillez constamment sur moi
Libérez-moi de ces émotions perturbatrices
Laissez-les s'échapper de mon corps
Pour que mon cœur soit en paix
Pour que mon métabolisme retrouve son équilibre
Je suis en paix
Merci

Embolie pulmonaire (prévention)[17]
Aux présences célestes protectrices
Je demande la fluidité sanguine
Jour après jour
Sans détour
Merci

---
17. C'est la même prière que contre les caillots.

Hypercholestérolémie
J'équilibre ma vie
J'équilibre les excès
Je prends soin de ma vie
Je libère les surplus
Je les offre à l'Univers
Qui se chargera de les dissiper
Amis angéliques, puissants et présents
Aidez-moi à changer et à purifier
Merci

Hypertension artérielle
Aidez-moi à adoucir
Aidez-moi à ralentir
Fleur d'angélique, parfum de camomille[18]
Entraînez-moi dans vos univers aux mille merveilles
Aidez-moi à adoucir
Aidez-moi à ralentir

Infarctus du myocarde (crise cardiaque) (prévention)
J'ai choisi la vie, je vis
Aux protections les plus intenses de l'Univers
J'adresse cette prière
Permettez-moi de choisir à tout instant
Le rythme régulier de la vie
Et d'en profiter
Pour l'amour et le don du partage
Amen

---

18. L'Empereur Jaune fait appel de temps en temps à l'âme des plantes dans ses prières. Il explique qu'invoquer la plante, c'est se connecter à son potentiel de propriétés, efficaces même à distance. Pas besoin d'ingérer une plante ou de l'utiliser en pommade, par exemple, pour qu'elle agisse dans cet espace énergétique différent.

Insuffisance cardiaque
Aux instances célestes
Je demande de me préserver de l'essoufflement
De me permettre de retrouver ma vigueur
Mon entrain et ma joie dans la vie
Le rythme vital me traverse
Le tempo me transporte
Je vous remercie

Lipœdème
Je veux casser cette armure
Retrouver ma légèreté et mon insouciance
Je veux casser ces remparts
Qui me séparent de la découverte du monde
Je fais fondre la masse
Elle disparaît
Je renais

Thyroïdite, maladie de Hashimoto (AI) et maladie de Basedow (AI)
Aidez-moi à équilibrer
Le fonctionnement de ma thyroïde
Je la remercie
De tenter de me protéger
Tel un bouclier levé
Je prends la mesure exacte
De ce qui ne me convient pas
Et j'ose crier que je n'en veux pas
Laissez-moi exister
Je ne veux plus d'entraves
Je suis un être libre, expressif et créatif
C'est dit

Les maladies de la peau

Acné
Désordre intérieur
Tout est en désordre
Télescopage de mes pensées
Anarchie de mes émotions
Emmenez-moi vers les paysages de la paix
Les sillages fleuris de la douceur
Transformez le chaos en confettis magiques
Guérissez mon âme
Pour une osmose retrouvée

Dyshidrose
Saint Jean Guérisseur
Prends mes pustules
Prends mes étendues de rougeurs
Régule mes flux et mes feux
À chaque endroit, tu nettoies
Tout disparaît, à jamais

Escarre
Par le miracle de la régénération
Que toute parcelle de plaie soit refermée
Promptement et proprement
Amen

Lupus érythémateux disséminé (AI)
Aux maîtres de l'Univers
J'implore votre aide immédiate
Pour que mon énergie s'active
Et se déverse dans les canaux de l'amour
De la joie et du pardon
Faites cesser le combat inutile
Entrepris contre moi-même
Remettez les armes
Aux bataillons fraternels
L'ennemi, ce n'est pas moi
Je reprends vie

Maladie de Verneuil
Cesse l'inflammation
Aucun danger ne m'approche
Je me remets entre les mains de mes protecteurs
Et j'avance sans peur
Cesse l'inflammation
Aucune flèche ne m'atteint
Je me remets entre les bras de mes puissances aimantes
Je suis en sécurité

Mycose
Aux anges dédiés, porteur du flambeau de la guérison
Aidez-moi à aligner mon cœur et ma raison
Accueillez ma souffrance, mon chagrin, mon impatience
Pour soigner le fil de mes relations
Offrez-moi la confiance, l'optimisme et le temps
Pour un assainissement complet et durable
Merci

Pelade (AI)
Mes chers guides protecteurs
Saisissez mon désarroi
Pour qu'ainsi je comprenne
Ce qui semble évident aux yeux du monde
Survivance de peurs irraisonnées
Stagnance et vivifications soudaines
Tout s'agite puis soudain tout se meurt
Faites-moi entrer dans le palais de l'acceptation
Je suis guéri(e)

Psoriasis (AI)
Au feu qui affleure ma peau
Au feu qui rougit mon manteau
Je lui ordonne de quitter mon organisme
À la lumière enchanteresse qui le remplace
À la lumière des aubes et des crépuscules qui égaie ma toison
Je lui ordonne de venir
Aujourd'hui et tous les demains

Sclérodermie systémique (AI)
Les piliers de ma volonté
Se dressent comme un bouclier
Anéantissant toute progression discordante
Je fais face et assure à mon corps
Que mon âme ne laissera pas
L'invasion avancer
Les canaux des fluides vitaux s'ouvrent
Et arrosent les chemins dégagés
La vie s'écoule paisiblement
Je suis maître de mon destin

Vitiligo (Al)
Ange guérisseur, je t'invoque
Pour aspirer et avaler taches dépigmentées
Ange guérisseur, je t'invoque
Pour soulager ma cuirasse bien-aimée
Que ma peau retrouve son unité
Sa couleur et sa douceur
Bien vite et bien proprement
Merci

Les maladies des oreilles

Acouphènes
Pourquoi masquer la douceur de ma voix ?
Pourquoi embrumer mon esprit jusqu'à me rendre inconnu(e) à moi-même
Je ne reconnais plus mon silence
Je l'envie d'exister à mon insu
Alors, acouphènes,
Aujourd'hui, il ne vous est plus permis
D'habiter mon corps et mes pensées
Détalez et courez à votre perte
Le chemin en commun s'arrête définitivement
Il s'arrête définitivement

Parotidite (oreillons)
Ô protecteurs de ma santé
Puissiez-vous intervenir aujourd'hui
Pour m'aider dans ce carrefour symbolique
J'absorbe et je digère
Je digère et j'exprime
Renforcez mes barrières personnelles
J'absorbe ce qui est bienfaisant pour moi
Et je m'exprime sans retenue
Aidez-moi à me placer avec un « non » entrant et un « oui » sortant
Merci

Les maladies des yeux

Blépharite et sécheresse oculaire
Que la culpabilité me lâche
Qu'elle trouve d'autres voies de transformation
Émotions et auto-accusations s'évacuent
Sur le champ et promptement
Ainsi soit-il

Cataracte
Permettez-moi de m'installer dans le présent
Portant un regard de fierté sur le passé
Et un regard d'espoir sur le futur
Tout est à sa place
Tout est parfait dans ma vie

Chalazion et orgelet
Saint guérisseur des yeux, saint Paul
Apporte ta sainte lumière jusqu'à moi
Délivre-moi de ce chalazion (ou orgelet)
Maintenant et pour toujours.
Merci

Dégénérescence maculaire liée à l'âge (DMLA)
Orgone miraculeuse
Existant en tout être humain
Fraie-toi un passage urgent
Pour inonder mon corps et mes yeux
De ton énergie, de ta vie, de tes prodiges
Que l'évolution de ma maladie régresse et s'arrête
Que ma maladie ne soit plus qu'une tache insignifiante
Dans le paysage de mon existence
Je crois aux pouvoirs illimités de mon corps
Je libère ma volonté de guérir

Kératites et autres maladies de la cornée
Chers médecins du ciel
Accompagnateurs invisibles mais aux pouvoirs inégalés
Dégagez-moi de cette maladie (la nommer)
Tout en soignant mon cœur et mes perceptions
Permettez-moi d'accéder à la tolérance
À l'écoute juste des autres
Pour que s'apaisent en moi les ressentiments
Permettez-moi d'ajuster la distance entre l'extérieur et moi
Pour ne plus souffrir
Et développer une douceur chaleureuse à partager

Les maladies digestives

Suivant les symptômes ressentis, ces prières peuvent être couplées à celle sur la *Digestion lente et maux d'estomac*, celle sur l'*Aérophagie*, les *Nausées / vomissements, Constipation, Diarrhée* du volume 2.[19]

Appendicite et péritonite
Urgent
J'ai besoin d'aide et d'attention
J'arrive à saturation
Je ne suis plus en capacité d'absorber
Je m'empoisonne
Urgent
J'ai besoin d'aide et d'attention
Je brandis un « stop » franc et massif
Pour un retour au calme immédiat
Je revis

Brûlure d'estomac
Pompiers célestes
Médecins cosmiques
Le feu m'embrase
Tempérez-le
J'ai besoin d'aide
Prenez ce qui irrite, ce qui fait peur
Ce qui m'agite, ce qui augmente ma fureur
Prenez tout
Je suis apaisé(e)

---
19. Cf. Index.

Cirrhose
Permettez-moi d'accéder au pardon
Seule voie de guérison
Merci

Colite
Seigneur de ma santé
Je me tourne vers toi
Pour que de ton âme bienveillante
Tu reçoives les preuves de mon impuissance
Seigneur
Mon exigence de perfection
Dérègle ma propre harmonie
Fais que je retrouve l'équilibre
Sans douleur, sans anarchie

Diverticulite sigmoïdienne
Pourquoi tant de douleurs
Nuit et jour
Pourquoi actualiser sans cesse l'objet de ma souffrance
J'écoute en moi les émotions gronder
La tempête émerge mais je ne crains pas
Je me laisse submerger et j'attends
Tout s'apaise et je vais mieux
Merci à tous mes protecteurs
Merci à la compréhension de la vie
Je vis en paix et heureux(se)

Encoprésie
Frayeur primaire me traverse
Elle est comme le monstre de mes cauchemars
Frayeur primaire disparaît
Maintenant, je suis en sécurité, aimé(e) et protégé(e)

Hémorroïde
Chers maîtres de l'Univers
Permettez-moi d'accéder à ce qui m'oblige
Me restreint, m'oppresse
Permettez-moi de guérir
En apportant les changements nécessaires
Dans mon environnement et en moi-même
Merci

Hépatite
Je vous en prie
Faites que j'atteigne la pleine concordance de vibration
Entre ce que je suis et les contraintes extérieures
Faites que j'existe librement
Délivré(e) du regard des autres
Que je m'exprime pleinement
Inspirant les bienfaits de la vie
Je suis dans la vie et avec la vie

Hypokaliémie
Que la flèche de lumière
Atteigne les laboratoires de la transformation chimique
Pour me permettre de retrouver
Équilibre et enchantement

Maladie cœliaque (AI)
Je fais appel à la lumière guérissante
Pour que d'une présence aussi douce qu'une caresse
Elle vienne réparer, colmater, renforcer
Mon système d'assimilation
Je remercie humblement

Maladie de Crohn (AI)
Intelligence universelle, intelligence de mon corps
Je vous fais confiance
Pour alléger ma souffrance
Intelligence universelle, intelligence de mon corps
Rencontrez-vous
Unissez-vous
Pour me libérer de cette prison
Intelligence universelle, intelligence de mon corps
Amenez-moi à la guérison

Pancréatite
Dérèglement vital et engagé
Nécessite une intervention immédiate et puissante
Médecins de lumière
Activez vos forces
Pour m'aider à retrouver
L'ordre dans l'anarchie
Merci

Polype (côlon / rectum)
Que cette excroissance disgracieuse
Reste silencieuse et discrète
Qu'elle ne mette pas de frein
À ce que je vive une existence normale
Tout feu disparaît et polype court avec

Rectocolite hémorragique (AI)
Armée défendante de mon corps
Reprends-toi
Car d'ennemi, tu te trompes
Me laissant dans l'embarras de la souffrance
Soldats, quittez vos œillères
Et pansez mon être
Avant de le bagarrer
Je vous remercie, par l'intervention des anges guérisseurs

Reflux gastro-œsophagien (RGO)
Pompiers du Ciel
Je vous implore de venir éteindre le feu
Qui brûle en moi et m'étreint
Que les braises ardentes, crépitantes et mordantes
S'endorment à tout jamais
Amen

Syndrome de l'intestin irritable
Ô anges merveilleux
Bercez-moi, cajolez-moi
Que la douceur l'emporte sur l'aigreur
Que la peur s'évanouisse devant le courage
J'apprends à fermer les portes
Pour me protéger efficacement
Permettez-moi d'ouvrir en toute sécurité
Merci

Les maladies gynécologiques et rénales

Bartholinite
Libération des voies de passage demandée
Accédez à ma demande, je vous prie
Pour un rétablissement total et immédiat

Endométriose
Par la voie de la compréhension subtile
Par les aides présentes mais non perceptibles
Je demande à entrer en contact avec mon être profond
Afin de dégager de moi
Tout obstacle à ma réalisation
Que ce travail s'effectue à travers moi, par moi, et pour moi
Amen

Fibrome utérin
Mon nid est vivant
Mon nid est accueillant
Permettez que je transforme
Et que j'intègre de nouvelles fonctions
Permettez que j'apporte ma nouvelle contribution
Sur un autre plan, une autre dimension
J'offre le nid de ma confiance
J'offre le nid de mon réconfort

Kyste ovarien
Chers anges de médecine
Attrapez au vol la tristesse de mon être
Mettez-lui des ailes
Transformez son regard
Pour que je devienne libre
Pour que je me réalise
Pleine d'entrain et de joie
Merci

Lichen vulvaire
Avant toute chose, laissez-moi être
Laissez-moi exister sans vous autres
Je porte ma vie sur mon dos
Je dépose sur le bord de la route
Celle des autres
Laissez-moi être
Laissez-moi exister
Laissez-moi m'occuper de mes questions intimes
Choisir et disposer
Laissez-moi être

Mycose vaginale
Qu'est-ce qui me retient ?
Qu'est-ce qui me chatouille ?
Je demande la clarté
La libération de mes émotions
Seule la tristesse construit mes rivières
Je laisse aller le flot
Mycose, il est temps de t'échapper
Je n'ai plus rien à faire avec toi

Insuffisance rénale
Aux médecins chirurgiens là-haut
Je demande le miracle
Aidez-moi à relancer la machine
Murmurez à mon corps
Combien j'y tiens, combien je le choie
Transmettez-lui le flux de la vie
Qu'il continue à le diffuser à travers moi
Dans tous les espaces, dans tous les endroits
Merci

Néphrectomie (bien vivre avec un seul rein)
Organe manquant, place vacante
Un seul rein présent, charge de travail à répartir
Accompagnez mon organisme
Dans la recherche de ce nouvel équilibre
Faites qu'aucune complication
N'entrave son fonctionnement
Faites que la lumière du Ciel
Inonde mes canaux
Pour un surgissement apaisé de la vie

Néphrite et pyélonéphrite
Que les flammes brûlantes et purifiantes
Qui entravent mon corps à ce jour
Consument mes craintes, mes doutes et mes peurs
D'un seul coup
Maintenant

Les maladies hématologiques

Agranulocytose (baisse voire absence de globules blancs), leucopénie et neutropénie
Que les barrières de mon immunité
Se dressent justes et fiables
Que les douves impénétrables de ma forteresse
Soient inondées d'un sang équilibré
Dehors, dedans, plus de confusion
À l'intérieur, je suis moi, fort(e) et bien gardé(e)

Anémie et drépanocytose
Perte de vitalité stoppée
Maîtres de l'Univers harmonisé
Permettez à mon corps d'assimiler et de stocker
Pour une énergie retrouvée

Hémorragie
Achillée millefeuille, renouée et plantain
Venez-moi en aide
Pour que de vos vertus hémostatiques
Soit stoppé le flot
Sang qui sort, stop
Sang dehors, stop
Retour à la normale

Septicémie
Que les eaux souillées
Se laissent atteindre par le miracle
Que les eaux polluées
Se laissent gagner par la vibration de la lumière
Les microbes se désagrègent
Les boues se dissolvent
Maîtres de ma santé
Aidez mon organisme à lutter
Par la force de votre volonté et amour pour moi

Thrombocytopénie (taux de plaquettes bas) et thrombopénie (en cas de cause immunologique principalement)
J'en appelle à l'armée du soutien
Soutien à mon corps qui lutte, qui cherche les appuis
Pour garantir l'équilibre plaquettaire
Aidez-moi à préserver le mouvement de la bascule
Pour que mon corps connaisse ses priorités
Et ses espaces de combat
Je lutte avec vous à mes côtés, je suis fort(e)

Les maladies infectieuses

Coqueluche
Barrière à la cause bactérienne
Érigée devant moi
Bactérie qui s'essouffle
Devant mon mur protecteur
Apaisement de ma toux
Par le dais de la fortification
Je me rétablis

Covid-19
Anges guérisseurs et saints missionnés
Unissez vos talents pour soutenir en profondeur
Mon organisme épuisé, terrassé
Anges guérisseurs et saints missionnés
L'heure est à vous
Pour agir en peloton
Destitution de l'intrus
Qu'il n'en reste aucune trace
Repolarisation de mon être
Élévation de mon socle d'énergie
Pour parvenir à une guérison complète
Merci

Infection nosocomiale
Que la porte d'entrée
Autorisant cet organisme hostile
À pénétrer mon corps
Se referme à jamais
Non sans avoir délogé
L'hôte indésirable
Je retrouve mon être complet
Je me relève et combats fièrement
Je suis en bonne santé

Méningite
Que la lumière divine, éclatante et intense
Franchisse les barricades de l'inexplicable
Pour sauver mon corps souffrant
Qu'elle efface les commandes erronées
Empêchant le cours de ma destinée
Qu'elle réorganise le programme cellulaire
Pour que la vie habite mon existence
Je suis en vie
Je suis libre et heureux(se)

Mononucléose
Êtres célestes du soutien aux Hommes
Soufflez sur les braises de l'énergie vitale
Ranimez avec moi mon feu sacré
Pour que je retrouve vigueur et santé
Portez-moi avec amour
Soyez mes béquilles bienheureuses et dévouées
J'ai besoin de vous pour me régénérer
Amen

Toxoplasmose
Pas de tolérance pour les parasites
Dehors et tout de suite
Je guéris
Mon âme fleurit
Pas de tolérance pour les parasites
Dehors et tout de suite

Les maladies neurologiques, neurodégénératives et neuromusculaires

Ataxie de Friedreich
Anges fédérateurs du soutien
Permettez-moi de me reposer sur vous
De reprendre mon souffle
De libérer ma voix
Embellissez mon ciel d'un bouquet d'étoiles de la force
Allumer le soleil de la foi
Faites glisser sur moi l'harmattan[20] de la joie
Merci

Ataxie spinocérébelleuse
Je demande de l'aide à chacune de mes étapes
Que les fées du bonheur
Saupoudrent le chemin de paillettes de douceur
Qu'elles atténuent chaque symptôme se déclarant
Le rendant invisible et peu dérangeant
Que le flux de la vie soit le plus fort

Démence à corps de Lewy
Adaptation et cohérence
Voici mon ordonnance
Mouvements symphoniques et fluidité
Montrent leur concordance
Aimez-moi
À chaque instant
Soulevez-moi
Dans l'harmonie des cœurs

---

20. Alizé chaud et sec qui souffle sur l'Afrique occidentale (source : Le Robert).

Dystonie
Commande motrice harmonisée
Contraction musculaire en souplesse
Conduction nerveuse habile
L'orchestre joue ensemble en pleine réconciliation
Amen

Dystrophie musculaire
Maladie, ralentis, je veux vivre
Tu régresses, je progresse
Maladie, tu es là
Maladie, je te vois
Que les instances célestes
Te rapetissent encore et encore
Pour me laisser le temps
D'explorer mon existence
Tout va lentement pour toi
Moi, je resplendis

Épilepsie
Affolement neuronal apaisé
Mal rompu à la racine
Le calme est revenu
Arrêt des crises
Tout est bien

Maladie d'Alzheimer (freiner l'évolution)
Ô anges guérisseurs
Sachez prendre soin de moi, de mon corps, de ma tête, de mon âme
Puissiez-vous éclairer les lanternes de ma guidance
M'aider à me porter encore et encore
Ayez de la bonté envers moi
De la douceur et de la tolérance
Aidez-moi à profiter de chaque instant
En présence et en bonne joie
Que ma gaieté l'emporte
Ainsi que ma légèreté d'être

Maladie de Charcot (sclérose latérale amyotrophique)
Merci de m'aider à supporter
Merci de m'aider à traverser
Merci de permettre à mes cellules corporelles
D'être animée des particules de lumière
Faites que ma présence au monde
Illumine les cœurs
Mon âme est à nu mais parfaite
Je suis parfait(e)

Maladie de Huntington
La paix envahit mes cellules nerveuses
La paix et rien d'autre
La paix est le moteur de mon contrôle nerveux
La paix et rien d'autre
Puisse la vie faire glisser la paix
Doucement, intimement
Au creux de mon être aspirant à la joie
Joie – Vie – Paix

Maladie de Parkinson
À l'appel de mon cœur,
Je joins le cri de mon âme
La roue de la vie dégénérescence-régénérescence est harmonieuse
Le cycle infini est fluide
Dégénérescence-régénérescence
L'alternance se produit en mon corps
À la dégénérescence, suit la régénérescence
C'est le cycle de la vie
Je l'accepte
Je l'intègre en moi à nouveau
Je suis la vie qui circule librement
Dégénérescence-régénérescence

Migraine
Aux protecteurs dévoués de ma santé
J'adresse cette humble prière
Que la douleur disparaisse
Que le malaise s'évanouisse
Que mon corps retrouve sa vigueur, son énergie
Pour une vie remplie et utile
Merci

Migraine ophtalmique
Pulsations, tensions
Alerte pour un recentrage
Je stoppe, je ferme les yeux
J'observe à l'intérieur de moi les signaux
Qu'est-ce que je m'impose ?
Qu'est-ce que je m'inflige qui ne corresponde pas
À la respiration de mon âme ?
Je ferme les yeux
Je me laisse traverser
Par le chant de mon âme
Par le chant de la vie
Merci pour ce temps de pause
Par cette prière, j'invoque
L'aide de mes protecteurs
Pour un soin intemporel
Un soin pour moi
Qui ai besoin d'une pause
Amen

Myasthénie (AI)
Que cette prière m'apporte
La sérénité dans l'effort
La paix dans le dépassement
La joie dans le doute
Le bonheur au-delà des manifestations du corps
Je dirige ma pensée
Vers la confiance en mes capacités
Ma bonté et mon émerveillement
Je suis empli(e) de gratitude envers le Tout
Je suis le Tout

Sclérose en plaques (AI)
Permettez-moi d'ériger l'invincible citadelle
Rempart indestructible
Indéfectible défenseur
Apaisant la maladie
Qui s'exprime à travers moi
J'ai besoin de soutien, de vos grâces subtiles
Pour renverser le programme
Et retrouver le chemin de la confiance
Merci à vous tous, bastion de mes armées

Syndrome Gilles de la Tourette
J'invite mon corps au calme
À la paix dans son repos
J'invite mon corps au calme
Je reprends le contrôle sur mon corps
Rien ne me semble insurmontable
Je reprends le contrôle sur mon corps
Chers anges qui veillez sur moi
Aidez-moi, aidez-moi
Merci

Syndrome de Guillain-Barré (AI)
Retour à la normale imminent
Dérèglement qui s'essouffle
La machine se remet en marche
À l'endroit, cette fois
Plus de fourmillements, plus de muscles fatigués
Plus de symptômes invalidants
Mon système immunitaire reprend la main
Je suis sur la voie de la guérison
Je distribue des bulles de gratitude

Syndrome des jambes sans repos (SJSR)
Marcher, courir, danser
Oui, mais pas au lit
Appétit de vivre en décadence
J'invoque les esprits de la nuit
Pour protéger mon sommeil
Et mes folles enjambées
Je conserve mon énergie effervescente
Pour explorer le monde
À la lueur de mes espoirs
Amen

Les maladies osseuses

Ostéoporose
Ô Seigneurs vertueux
Permettez à mon organisme tout entier
D'assimiler, construire ou réparer
Pour que mes os constituent
La charpente de mon univers
Que mon ossature solide et puissante
Me soutienne, me protège et me véhicule
À travers les chapitres heureux de ma vie
Amen

Les maladies psychiatriques et les troubles du neurodéveloppement

Addiction (tous types)
J'ai besoin de force
J'ai besoin de soutien
Maîtres de l'Univers
Aidez-moi, je vous en prie
À tenir bon d'abord
Puis à me stabiliser
À résister
Puis à me contrôler
Grâce à vous
Je me sens capable d'arpenter le monde
Je me fais confiance

Phobie
Je fais appel à mes forces internes
Inondées par la Source de vie
Je suis capable d'affronter et de dépasser
Je ne suis pas seul(e)

Schizophrénie
C'est la lumière qui habite mon cœur
C'est sa clarté qui illumine mon esprit
Rien d'autre ne peut pénétrer mon espace intime
Rien ne peut entraver le chemin grandiose de l'amour
Je suis aimé(e)

Syndrome de stress post-traumatique (SSPT)
Tels des fossiles grimaçants
Les émotions violentes
Se sont imprimées à tous les niveaux de mon être
Autorisez-moi à oublier
À effacer en douceur ces mémoires nocives
Qui m'empêchent de vivre libre
Aidez-moi à calmer la peur
À offrir au passé
La douleur de ses évènements
Je m'affranchis pour sortir de ma chrysalide
Je regagne l'abri de mon insouciance

Trouble bipolaire
J'invoque le flux de la vie qui m'anime
Qu'il soit régulé et stable
Les excès d'euphorie tout comme les anéantissements psychiques
Perturbent le cours de son flot
Parcourant sans cesse
Les sillons de sa rivière
J'invoque le flux de la vie
Pour qu'il génère pour moi
Les ondes de paix
Nécessaires à mon équilibre
Je suis en paix

Troubles du comportement alimentaire

Boulimie
À l'enfant qui respire avec moi
À l'intérieur de moi
J'apporte l'étreinte cajolante
Puisse-t-il se libérer de ses manques
Et de ses vides
Puisse-t-il être orné
Par la douceur angélique
Je ne manque de rien
Je suis empli(e) de quiétude

Anorexie
À mes guides de lumière
Mes amis indéfectibles
Entendez ma prière
Accueillez mon abandon
C'est difficile pour moi
Relevez-moi lorsque je tombe
Pardonnez-moi lorsque je sombre
Chaque pas est le signe
De mon appétit de vivre
Merci de ne pas m'ignorer
Merci d'être là pour moi

Trouble de l'attention avec ou sans hyperactivité
À chaque pas, je décroche, je raccroche
À chaque pensée, je décroche, je raccroche
Aidez-moi à saupoudrer sur mon cerveau exalté
La poussière étoilée de la tempérance
Aidez-moi à rester concentré(e)
Aujourd'hui et maintenant

Trouble obsessionnel compulsif (TOC)
Je trace le mot « confiance »
Sur tous les écriteaux de mon existence
Confiance en moi
Confiance en eux
Confiance en la vie

Trouble oppositionnel avec provocation
Que la douche céleste de l'amour
Fasse glisser ses gouttes de tolérance
Qu'elles s'immiscent au creux de mon être
Pour apaiser la rage et la fougue destructrice
Que la douche solaire de la bonté
Révise mes sentiments noircis
Qu'elle s'infiltre en mon cœur
Pour colorer gaiement mes élans adoucis
Envers moi
Envers les autres
Merci

Les maladies respiratoires

Apnée obstructive du sommeil (SAHOS)
Que le rythme de ma respiration, fluide et continu
Me soutienne durant mon sommeil
Qu'aucune pause ne soit tolérée
Pour un repos mérité
Anges protecteurs de mes nuits
Merci

Bronchite
Par les grâces de l'éther vivifiant
Que microbes et mucus se dérobent
Pour clarifier mes poumons
Je remercie la vie
Pour l'attention qu'elle me porte
Et l'amour que je ressens
Lorsqu'elle aère ma respiration

Emphysème et bronchopneumopathie chronique obstructive (BPCO)
Ô saints guérisseurs et maîtres lumineux
Cessez la destruction, stoppez la dégradation
Poumons et cœur travaillent de concert
Pour la symphonie joyeuse de ma vie
Permettez les échanges, autorisez l'alchimie
Mon corps vit, mon corps renaît

Fibrose pulmonaire
Que l'air de la vie circule aisément
Qu'il traverse les écueils
Et parvienne au carrefour des transformations
Apportez de la souplesse
Mes alvéoles sont à court
Apportez de la douceur
Là où l'inflammation me défie
Que l'air de la vie circule en mon sang
Par la transformation magique
Des échanges gazeux de mon corps
Je suis reconnaissant pour les progrès
Je respire librement

Mucoviscidose
Pour moi qui suis né(e) avec la mucoviscidose
Faites-moi gagner la paix
Avec des symptômes réfrénés
Mes poumons sont des fenêtres ouvertes
Sur le paysage de mes envies
Je vis, je respire
Épargnez-moi les infections, les complications
Aidez-moi à adoucir mon existence

Pleurésie
Que la plèvre recouvrant mes poumons et ma cage thoracique
Retrouve mobilité et santé
Que l'effort diminue et facilite mes mouvements respiratoires
Je prends soin des murs de mon temple
Qui m'assurent une couverture protectrice
Je rends grâce mille fois
Pour mon souffle retrouvé

Pneumonie et tuberculose
Par votre intercession, chers anges bienveillants
Je demande que cesse l'inflammation
Que disparaisse l'infection
Pour que le trajet de mon air se libère
En une autoroute dégagée
Que tous les symptômes s'évanouissent
Comme une brume d'hiver dissipée
Je vous remercie d'intervenir très vite
Pour rétablir mon équilibre et ma santé
Merci

Les maladies rhumatologiques

Fibromyalgie et syndromes douloureux chroniques
Douleurs incessantes, fulgurantes, imprévisibles
Faiblesse qui m'envahit sans que je puisse réagir
Dégagez de mon être
Rendez-lui sa souplesse
C'est la joie qui m'anime
Lorsque mon corps est silencieux
Je veux faire entendre ma voix
Pour une symphonie sans limite

Polyarthrite rhumatoïde (AI)
J'entame le recul
Je freine les déformations
Je refuse d'abdiquer
Mon corps se rebelle
Pas d'acceptation
Pas de résignation
Je freine les conséquences de la maladie
Je vis du mieux possible
Avec ce qu'elle occasionne comme difficultés
Je demande que mon être
Soit protégé et solide pour affronter
La lumière baigne mes articulations du fluide rénovateur
Merci

Spondylarthrite ankylosante (AI)
Inflammation, stop
Je souhaite le repos
Douleur, stop
Je réclame la flexibilité
Donnez-moi la paix de mon corps
Pour éprouver la joie de mon être
Merci

Les maladies sexuellement transmissibles

Herpès génital
À mes sources protectrices
Je demande la mise en sommeil du virus
Qu'à jamais il s'endorme
Je demande le renforcement de mon système immunitaire
Pour qu'aucune porte ne lui soit ouverte
Protégez-moi
Protégez les autres

Papillomavirus humain (HPV)
Au virus introduit je m'adresse
Je supplie ton départ
Mon corps n'est pas ton temple
Je supplie ta fuite
Mon corps ne t'accueille plus
Tu es propulsé au dehors
Qu'importe ce qu'il advient de toi
Je m'occupe d'assainir ma demeure
Je suis ferme et déterminé(e)

Sida
Aux grandes autorités du Ciel
J'invoque la bénédiction
Pour que mon système immunitaire
Sache lutter, contrer
Sans s'essouffler
Que votre influence céleste
Anéantisse les symptômes d'affaiblissement
Que votre amour incomparable
M'accompagne sans limite
Merci

Les maladies à transmission vectorielle

Maladie de Lyme (borréliose de Lyme)
Je demande que mes corps physique et énergétique
Éjectent jusqu'au moindre germe et trace
La présence de cette bactérie invasive
Je demande à ce que mes corps physiques et énergétiques
Se parent de leur manteau de protection
Pour la disparition complète et définitive des symptômes
Je retrouve intégrité, forme et santé

Paludisme (malaria)

En prévention des crises
Anges protecteurs de ma santé
Faites que mon corps
Ne permette aucun réveil du parasite
Qu'il se taise à jamais

En cas de crise
Anges protecteurs de ma santé
Venez promptement à mon secours
Démêlez chaque filet me tenant captif(ve)
Pour que mon corps résiste et se défende
Par vos enveloppements énergétiques puissants
Anéantissez la vigueur de ce parasite indésirable
Je vous remercie de tout cœur

Dengue et chikungunya
Que la lumière angélique fasse s'envoler
Chaque trace de virus
Dont la ruée pénétrante
Est aussi rapide que son abolition
Que la lumière angélique sillonne mon être
Pour égayer chacune de mes cellules rayonnantes d'entrain
Les symptômes régressent et disparaissent
Je suis en bonne santé

Les maladies musculosquelettiques (ou troubles musculosquelettiques)

Épicondylite
Ô maîtres guérisseurs, protecteurs bienveillants
Emportez jusqu'aux airs purificateurs
L'acidité qui s'est emparée de mon corps
Provoquant des sensations douloureuses dans mes coudes
Emportez-la loin, je vous l'ordonne
Et je glisse dans son bagage
Mes ressentiments encore encagés
Pour qu'ils soient libérés et nettoyés
La déception, la colère et la rancune
N'ont plus de place ici
La sagesse m'envahit, douce et légère
Merci

Lombalgie
Douleur pointue qui ceintre mon dos
Diminue jusqu'à disparaître
Douleur aiguë qui plaque mon échine
Cesse ton vacarme et libère-moi
J'avance en paix
Dans la souplesse retrouvée

Syndrome du canal carpien
Le mal se dissipe
La voie s'élargit
Et replace mon nerf dans ses fonctions
Une voie libre
Des obstacles franchis
Je retrouve sensibilité et mobilité
Amen

Tendinite de la coiffe des rotateurs de l'épaule et bursite sous-acromiale de l'épaule
Amis célestes, exercez votre habileté prodigieuse
Pour m'aider dans cette situation de douleur à l'épaule
Préservez mes tendons
D'une rupture non désirée
Fortifiez-les
Pour guérir l'inflammation
Et me rendre ma mobilité
Amen

La grossesse, l'accouchement et l'allaitement

Favoriser le travail de l'accouchement
C'est aujourd'hui que les étoiles viennent toucher la Terre
Alors, j'accueille
Transfert des mondes, miracle de la vie
Mon corps est un temple dédié à l'amour
Porte du passage offerte
Canal de transition détendu
Bébé choisit sa pente
Et moi, j'accueille
Aujourd'hui, les étoiles communiquent à la Terre
Qu'une nouvelle vie vient de naître

Allaitement
Favoriser la lactation
Ouvrez les robinets célestes
Pour que jamais ne tarissent
Les sources du lait nourricier
Que ma lactation soit prospère et généreuse
Je suis emplie de gratitude

Crevasse
Que le feu de mes blessures
S'éteigne et guérisse
Qu'il disparaisse au rang des souvenirs
Effacez mes craintes
Pour que mon allaitement se poursuive
Douleur dissipée, sérénité retrouvée

Engorgement mammaire
Je porte la confiance en mes capacités
À nourrir mon bébé
Avec abondance et sans nécessité
Tout est juste, régulé et sans excès
Le passage est libéré
Les flux s'écoulent à merveille
Tout est bien
Amen

Dépression post-partum
Délivrance obligée d'une symbiose partagée
Mon corps se relève d'une aventure unique
Il s'équilibre à nouveau sans penser à la perte
Je me sens pleine dans le regard de mon enfant
Je me sens vivante allaitant mon bébé
Tu n'es plus en moi mais tu vibres de ta propre liberté
Je suis là pour moi
Je suis là pour toi

Retrouver son corps après l'accouchement
L'Univers a fait de moi une mère
L'Univers m'a confié cette mission exceptionnelle
Adaptation incroyable de mon corps intelligent
Mon corps que je retrouve pourtant différent
Permettez-moi d'accepter les transformations irréversibles
Marquant mon passage dans le champ de la maternité
Aidez mon corps à se redécouvrir et à récupérer
Pour se définir à nouveau dans son unicité
Merci

Autres situations

Greffe et prothèse
Que mon corps tolère mon greffon (*ou* ma prothèse)
Autant que mon âme déborde de gratitude
Que l'union provoquée
Aboutisse à la fusion espérée
Greffon (*ou* Prothèse), je t'accepte en mon corps
Je te remercie de me permettre une nouvelle vie
Les nouvelles cellules de lumière
Activent leur sève régénératrice
Et œuvrent pour la construction
Merci, mille fois merci

La crise suicidaire (accompagner la désespérance)
Je me sens mal
La vie n'a plus de saveur
Je me sens mal
J'appelle à l'aide

J'ai besoin du collier céleste de l'amour
De la force cosmique de la volonté
Pour me tirer et me porter

À tous mes anges protecteurs
Je demande de m'aider à ne pas sombrer

Offrez-moi la lumière en cadeau
Sa chaleur et la clarté du discernement
Sortez-moi des sillages silencieux et infernaux
Par la puissance glorieuse de la vie

Que le châle de la protection soit mon abri
Que la beauté de la vie caresse mon âme
Pour faire fuir la douleur d'exister
Que la douceur atteigne mon cœur
Pour me donner la certitude de la foi

Foi en ce que je suis de meilleur(e)
Confiance infinie en mon courage
Je suis en vie

Conclusion

Dans ce dialogue insolite avec l'Empereur Jaune, il paraît toujours étonnant de voir comme ses conseils, soins ou prières sont appropriés à notre époque. Bien que des ponts temporels existent entre sa période d'existence et la nôtre, nous avons souhaité lui demander si ces maladies existaient à son époque. Voici sa réponse :

> Nous ne pouvons pas dire que toutes ces maladies existaient en mon temps, car les moyens de les diagnostiquer n'étaient pas encore créés
> De plus, il existait de mon temps des maladies disparues aujourd'hui en votre temps
> Alors, laisse la notion de temps
> Je suis intemporel, je suis volant entre les mondes
> Le livre des prières de soutien s'adresse à votre génération
> Considère que chaque époque du temps est une génération
> Moi, j'en étais à l'enfance
> Vous, vous en êtes à l'adolescence
> Dans mille ans, ce seront les adultes, etc.
> Tu ne peux pas t'adresser à des enfants comme tu t'adresses à des adultes, n'est-ce pas ?
> Alors, j'ai cette capacité d'adaptation qui fait que je sais ce dont le monde a besoin au moment où les lignes s'écrivent
> Je n'ai pas soigné de thrombopénie par exemple, mais je savais sentir les flux, les mouvements et blocages d'énergie
> Le traitement aurait-il été différent si j'avais connu le nom de « thrombopénie » ?
> Je ne pense pas
> Autre chose, et cela est d'une importance capitale même si j'en conviens, elle en fera frémir certains : soigner en mon temps était fait de manière juste par rapport à nos connaissances

Soigner en votre temps est juste aussi, même si vous vous considérez comme plus évolués

Je pense que nous sommes complémentaires, frères d'évolution, que sans nous vous précédant, vous n'auriez pas avancé comme vous l'avez fait

L'Homme est toujours en recherche de mieux et c'est le sens de la vie

Il est chercheur dans l'âme

Il veut toujours aller plus loin car la souffrance sur la terre lui est insupportable

Et c'est bien là, l'ordre du monde

L'Homme s'incarne pour expérimenter qui il est, pour parfaire ce qu'il a acquis dans des vies passées et le mettre au service de l'Humanité

Se mettre au service, c'est l'unique raison de notre engagement sur terre, l'unique

Et qui dit engagement, dit apprivoiser la souffrance, ne plus la supporter jusqu'à ce qu'elle nous amène à agir contre

Nous n'avons pas à accepter la souffrance

Il est légitime de vouloir l'éradiquer comme une maladie corrosive, aux dents acérées

Agissons tous ensemble

Unissons nos savoirs, nos compétences, nos savoir-faire pour toujours aller plus loin dans le diagnostic et le soin des maladies

Pour nous unir solidement, nous devons accepter que le soin spirituel en est un à part entière

Cela ne veut pas dire qu'il doit remplacer les soins du corps

Le soin spirituel comprend le ressenti et le travail des énergies, mais aussi l'accompagnement par la maîtrise de la pensée (méditation, prières) qui n'est autre qu'un travail énergétique

Notre travail s'insère exactement là

Désormais, c'est le vôtre qui commence. Portez-vous bien, vous et vos proches.

Index

Abcès 138
Accident vasculaire céréb. 174
Acné 178
Acouphènes 181
Activation du thymus 100
Addiction 202
Aérophagie 110
Agranulocytose 192
Allaitement 213
Allergie respiratoire 131
Alopécie 148
Anémie 192
Angine 141
Anorexie 204
Anxiété 117
Aphonie 142
Aphtes 141
Apnée obstructive du sommeil 205
Appendicite 184
Artérite 174
Arthrite 108
Arthrose 108
Asthme 130
Ataxie de Friedreich 195
Ataxie spinocérébelleuse 195
AVC 174
Bartholinite 189
Blépharite 182
Borréliose de Lyme 210
Boulimie 204
BPCO 206
Bronchite 206
Bronchopneumopathie chronique obstructive 206
Brûlure d'estomac 184
Brûlure légère (1er degré) 144
Brûlure profonde (2e et 3e degré) 144
Bursite sous-acromiale de l'épaule 212
Caillot 175
Calculs biliaires 113
Calculs rénaux 103
Cancer de l'enfant 165
Cancers 94
Cataracte 182
Cauchemar (enfant) 118
Cerveau 165
Chalazion 183
Chikungunya 211
Circulation des fluides 18
Circulation lymphatique 100
Circulation sanguine 99
Cirrhose 185
Col de l'utérus 166
Coliques néphrétiques 103
Colite 185
Côlon 166
Conjonctivite 126
Constipation 111
Coqueluche 193
Cornée 183
Covid-19 193
Crevasse 213
Crise cardiaque 176
Crise d'angoisse 116
Crise de panique 116
Cystite 102
Dartre 145
Début des soins 58
Dégénérescence maculaire liée à l'âge 183
Démence à corps de Lewy 195

Dengue 211
Dépression 118
Dépression post-partum 213
Déprogrammation de la maladie 95
Deuil 119
Diabète de type 1 175
Diabète de type 2 175
Diabète gestationnel 175
Diarrhée 112
Digestion lente 109
Diverticulite sigmoïdienne 185
DMLA 183
Douleur 14
Drépanocytose 192
Dyshidrose 178
Dystonie 196
Dystrophie musculaire 196
Eczéma 145
Effets secondaires de médicaments 101
Embolie pulmonaire 175
Emphysème 206
Encoprésie 185
Endométriose 189
Engorgement mammaire 213
Enrouement 142
Entorse 107
Énurésie 102
Épicondylite 211
Épilepsie 196
Escarre 178
Estomac 166
Extrasystoles 101
Fatigue (fatigue psychique) 120
Favoriser l'accouchement 212
Fertilité 86
Fibrome utérin 189
Fibromyalgie 208

Fibrose pulmonaire 206
Fièvre 137
Fin des soins 59
Foie 112, 167
Fracture 106
Gale 149
Gangrène 139
Glandes surrénales 134
Glaucome 126
Globules blancs 192
Greffe 214
Grippe 137
Hémorragie 192
Hémorroïde 186
Hépatite 186
Herpès 146
Herpès génital 209
HPV 209
Hypercholestérolémie 176
Hypertension artérielle 176
Hypokaliémie 186
Impuissance 89
Infarctus du myocarde 176
Infection grave 139
Infection nosocomiale 193
Inflammation 136
Insomnie 122
Insuffisance cardiaque 177
Insuffisance rénale 190
Insuffisance veineuse 98
Intestin grêle 167
Kératites 183
Kyste 88
Kyste ovarien 189
Leucémie 167
Leucopénie 191
Lichen vulvaire 190
Lipœdème 177

Lombalgie 211
Lupus érythémateux disséminé 179
Lymphome 168
Maintien en santé 13
Mal de dent 142
Maladie auto-immune 94
Maladie cœliaque 186
Maladie d'Alzheimer 197
Maladie de Basedow 177
Maladie de Charcot 197
Maladie de Crohn 187
Maladie de Hashimoto 177
Maladie de Huntington 197
Maladie de Lyme 210
Maladie de Parkinson 198
Maladie de Verneuil 179
Maladie métabolique 134
Malaria 210
Mastose 87
Maux d'estomac 109
Maux de tête 122
Méningite 194
Migraine 122, 198
Migraine ophtalmique 199
Mononucléose 194
Mucoviscidose 207
Myasthénie 199
Mycose 179
Mycose vaginale 190
Nausée 110
Néphrectomie 191
Néphrite 191
Neutropénie 191
Nez 140
Œsophage 168
Opération chirurgicale 15
Oreillons 182
Orgelet 183

Os 168
Ostéoporose 201
Otite (enfant) 127
Oxyures 149
Palpitations 101
Paludisme 210
Panaris 138
Pancréas 134, 169
Pancréatite 187
Papillomavirus humain 209
Parasitose 149
Parotidite 182
Peau 169
Pelade 180
Pensée créatrice en santé 12
Péritonite 184
Phlébite 98
Phobie 202
Plaie infectée 138
Plaquettes 192
Pleurésie 207
Plèvre 170
Pneumonie 207
Polyarthrite rhumatoïde 108, 208
Polype (côlon) 187
Polype (rectum) 187
Poumon 170
Pour éviter les récidives 174
Poux 149
Presbyacousie 127
Prévention des récidives 90
Prévention par dynamisation de l'eau 91
Prévention par dynamisation des médicaments 92
Prévention par l'alimentation 90
Prostate 104, 171
Prothèse 214

Psoriasis 180
Puissance énergétique 152
Pyélonéphrite 191
Rectocolite hémorragique 188
Reflux gastro-œsophagien 188
Rein 171
Reprogrammation cellulaire 96
Retrouver son corps après l'accouchement 214
RGO 188
Rhumatismes 108
Rhume 140
SAHOS 205
Santé d'un proche 16
Schizophrénie 202
Sclérodermie systémique 180
Sclérose en plaques 200
Sclérose latérale amyotrophique 197
Sécheresse oculaire 182
Sein (femme) 172
Septicémie 192
Séquelles d'infarctus du myocarde 101
Sida 209
Sinusite 140
Spondylarthrite ankylosante 208
SSPT 203
Suicide 215
Syndrome de Guillain-Barré 200
Syndr. de l'intestin irritable 188
Syndrome de stress post-traumatique 203
Syndrome des jambes sans repos 201
SJSR 201
Syndrome du canal carpien 212
Syndr. Gilles de la Tourette 200
Syndromes douloureux chroniques 208
Tendinite de la coiffe des rotateurs de l'épaule 212
Ténia 149
Terreur nocturne (enfant) 118
Testicule 172
Thrombocytopénie 192
Thrombopénie 192
Thyroïde 134, 173
TOC 205
Toux 130
Toxoplasmose 194
Trac 116
Trouble bipolaire 203
Trouble de l'attention avec ou sans hyperactivité 204
Trouble oppositionnel avec provocation 205
Troubles du comportement alimentaire 204
Troubles du rythme cardiaque 101
Trouble obsessionnel compulsif 205
Tuberculose 207
Ulcère digestif 111
Urticaire 145
VADS 173
Varices 98
Veines 98
Verrue 146
Vertiges 123
Vessie 173
Vitiligo 181
Voies aérodigestives supérieures 173
Vomissement 110
Zona 147

Table des matières

Note de l'éditeur — 4

LIVRE I – PRIÈRES DE VIE

Présentation — 6
Introduction — 9
Prier — 10

La santé
Prière pour la pensée créatrice en santé — 12
Prière pour le maintien en santé — 13
Prière pour la douleur — 14
Prière pour optimiser une opération chirurgicale — 15
Prière pour la santé d'un proche — 16
Prière pour les énergies nocives — 17
Prière pour la circulation des fluides (activation du chi du cœur) — 18
Prière pour les miracles — 20
Prière pour optimiser une préparation de soin — 22

La croissance spirituelle
Prière pour le jour qui se lève — 24
Prière pour retrouver la foi, l'énergie — 25
Prière pour la volonté, la détermination (activation du chi du rein) — 26
Prière pour développer l'intuition — 27
Prière pour la vue claire (activation du chi du foie) — 28
Prière pour les bons choix — 30
Prière pour l'ancrage et la concentration — 31

Les sentiments
Prière pour les émotions — 34
Prière pour la tristesse — 35
Prière pour la peur — 36
Prière contre la jalousie — 37
Prière de détachement (pour les personnes) — 38
Prière de détachement (pour les situations) — 39
Prière pour dénouer une relation conflictuelle — 40

Les âges de la vie
Prière pour l'accueil d'une nouvelle âme   42
Prière pour les stades de l'enfance   43
Prière pour les adolescents   44
Prière pour une ménopause sereine   45

La vie professionnelle
Prière pour la vocation   48
Prière pour consacrer un projet   49

L'autre rive
Prière pour le moment de l'envol   52
Prière d'accompagnement à la mort   54
Prière pour âmes en perdition   56

Les thérapeutes
Prière pour le début des soins   58
Prière pour la fin des soins   59

Les animaux
Prière pour l'accueil d'un animal   62
Prière pour un animal malade   63

Les lieux
Prière pour purifier un lieu   66

Les plantes
Prière pour la croissance des plantes   69

LIVRE II – PRIÈRES DE GUÉRISON

Introduction	73
La pratique des prières de guérison	78
Le corps et la représentation de l'arbre	84

Partie I – Les graines

La fertilité	86
Les seins	
Mastose	87
Kyste	88
L'impuissance	89
La prévention	
Prévention des récidives	90
Prévention par l'alimentation	90
Prévention par dynamisation de l'eau	91
Prévention par dynamisation des médicaments ou compléments alimentaires	92

Partie II – Les racines

Les cancers, les maladies auto-immunes	94
La déprogrammation de la maladie	95
La reprogrammation cellulaire	96

Partie III – La sève

Le système circulatoire	
Veines (phlébite, varices, insuffisance veineuse)	98
Circulation sanguine	99
Le système lymphatique	
Circulation lymphatique	100
Activation du thymus (renforcement immunitaire)	100
Le cœur	101
(troubles du rythme cardiaque, palpitations, extrasystoles, séquelles d'infarctus du myocarde, effets secondaires de certains médicaments, etc.)	
Le système urinaire	
Cystite	102
Énurésie	102
Calculs rénaux	103
Coliques néphrétiques (lors des douleurs vives)	103
Prostate	104

Partie IV – Le tronc, la base

Le squelette, les os
- Fracture — 106
- Entorse — 107
- Arthrite, arthrose, polyarthrite rhumatoïde, rhumatismes... — 108

Le système digestif
- Digestion lente et maux d'estomac — 109
- Aérophagie — 110
- Nausée, vomissement — 110
- Ulcère digestif — 111
- Constipation — 111
- Diarrhée — 112
- Prière pour le foie — 112
- Calculs biliaires — 113

Partie V – L'écorce

La psyché
- Trac — 116
- Crise de panique, crise d'angoisse — 116
- Anxiété — 117
- Terreur nocturne, cauchemar (enfant) — 118
- Dépression — 118
- Deuil — 119

La fatigue (fatigue psychique) — 120

Partie VI – Les branches

Le système neurologique
- Maux de tête, migraine — 122
- Insomnie — 122

Les vertiges — 123

Partie VII – Les bourgeons

Les yeux
- Conjonctivite — 126
- Glaucome — 126

Les oreilles
- Presbyacousie — 127
- Otite (enfant) — 127

Partie VIII – Les feuilles

Le système respiratoire (poumons, bronches)
- Toux — 130
- Asthme — 130
- Allergie respiratoire — 131

Partie IX – Les fleurs

Le système endocrinien (thyroïde, glandes surrénales, pancréas)
- Maladie métabolique — 134

Partie X – Les fruits

L'inflammation — 136
L'infection
- Fièvre — 137
- Grippe — 137
- Plaie infectée — 138

Abcès
- Panaris — 138
- Gangrène — 139
- Infection grave — 139

Le système ORL
- Sinusite, nez bouché — 140
- Rhume — 140
- Aphtes — 141
- Angine — 141
- Aphonie, enrouement — 142
- Mal de dent — 142

Partie XI – La frondaison

La peau
- Brûlure légère (1er degré) — 144
- Brûlure profonde (2e et 3e degré) — 144
- Dartre et eczéma — 145
- Urticaire — 145
- Verrue — 146
- Herpès — 146
- Zona — 147

Les cheveux (alopécie) — 148
Les parasites (parasitose, ténia, gale, poux, oxyures...) — 149

Partie XII – L'aura de l'arbre

La puissance énergétique   152

À l'orée d'une nouvelle ère   153

LIVRE III – PRIÈRES DE SOUTIEN

Introduction   157

Les maladies cancéreuses

Cancer particulier de l'enfant	165
Cerveau	165
Col de l'utérus	166
Côlon	166
Estomac	166
Foie	167
Intestin grêle	167
Leucémie	167
Lymphome	168
Œsophage	168
Os	168
Pancréas	169
Peau	169
Plèvre	170
Poumon	170
Prostate	171
Rein	171
Sein (femme)	172
Testicule	172
Thyroïde	173
Vessie	173
Voies aérodigestives supérieures (VADS)	173
Pour éviter les récidives	174

Les maladies cardiovasculaires et métaboliques

Accident vasculaire cérébral (AVC)	174
Artérite	174
Caillot (prévention)	175

Diabète de type 1	175
Diabète de type 2	175
Diabète gestationnel	175
Embolie pulmonaire (prévention)	175
Hypercholestérolémie	176
Hypertension artérielle	176
Infarctus du myocarde (crise cardiaque) (prévention)	176
Insuffisance cardiaque	177
Lipœdème	177
Thyroïdite, maladie de Hashimoto (AI) et maladie de Basedow (AI)	177

Les maladies de la peau

Acné	178
Dyshidrose	178
Escarre	178
Lupus érythémateux disséminé (AI)	179
Maladie de Verneuil	179
Mycose	179
Pelade (AI)	180
Psoriasis (AI)	180
Sclérodermie systémique (AI)	180
Vitiligo (AI)	181

Les maladies des oreilles

Acouphènes	181
Parotidite (oreillons)	182

Les maladies des yeux

Blépharite et sécheresse oculaire	182
Cataracte	182
Chalazion et orgelet	183
Dégénérescence maculaire liée à l'âge (DMLA)	183
Kératites et autres maladies de la cornée	183

Les maladies digestives

Appendicite et péritonite	184
Brûlure d'estomac	184
Cirrhose	185
Colite	185

Diverticulite sigmoïdienne	185
Encoprésie	185
Hémorroïde	186
Hépatite	186
Hypokaliémie	186
Maladie cœliaque (AI)	186
Maladie de Crohn (AI)	187
Pancréatite	187
Polype (côlon / rectum)	187
Rectocolite hémorragique (AI)	188
Reflux gastro-œsophagien (RGO)	188
Syndrome de l'intestin irritable	188

Les maladies gynécologiques et rénales

Bartholinite	189
Endométriose	189
Fibrome utérin	189
Kyste ovarien	189
Lichen vulvaire	190
Mycose vaginale	190
Insuffisance rénale	190
Néphrectomie (bien vivre avec un seul rein)	191
Néphrite et pyélonéphrite	191

Les maladies hématologiques

Agranulocytose (baisse voire absence de globules blancs), leucopénie et neutropénie	191
Anémie et drépanocytose	192
Hémorragie	192
Septicémie	192
Thrombocytopénie (taux de plaquette bas) et thrombopénie (en cas de cause immunologique principalement)	192

Les maladies infectieuses

Coqueluche	193
Covid-19	193
Infection nosocomiale	193
Méningite	194
Mononucléose	194
Toxoplasmose	194

Les maladies neurologiques, neurodégénératives et neuromusculaires

Ataxie de Friedreich	195
Ataxie spinocérébelleuse	195
Démence à corps de Lewy	195
Dystonie	196
Dystrophie musculaire	196
Épilepsie	196
Maladie d'Alzheimer (freiner l'évolution)	197
Maladie de Charcot (sclérose latérale amyotrophique)	197
Maladie de Huntington	197
Maladie de Parkinson	198
Migraine	198
Migraine ophtalmique	199
Myasthénie (AI)	199
Sclérose en plaques (AI)	200
Syndrome Gilles de la Tourette	200
Syndrome de Guillain-Barré (AI)	200
Syndrome des jambes sans repos (SJSR)	201

Les maladies osseuses

Ostéoporose	201

Les maladies psychiatriques et les troubles du neurodéveloppement

Addiction (tous types)	202
Phobie	202
Schizophrénie	202
Syndrome de stress post-traumatique (SSPT)	203
Trouble bipolaire	203
Troubles du comportement alimentaire	
Boulimie	204
Anorexie	204
Trouble de l'attention avec ou sans hyperactivité	204
Trouble obsessionnel compulsif (TOC)	205
Trouble oppositionnel avec provocation	205

Les maladies respiratoires

Apnée obstructive du sommeil (SAHOS)	205
Bronchite	206
Emphysème et bronchopneumopathie chronique obstructive (BPCO)	206
Fibrose pulmonaire	206
Mucoviscidose	207
Pleurésie	207
Pneumonie et tuberculose	207

Les maladies rhumatologiques

Fibromyalgie et syndromes douloureux chroniques	208
Polyarthrite rhumatoïde (AI)	208
Spondylarthrite ankylosante (AI)	208

Les maladies sexuellement transmissibles

Herpès génital	209
Papillomavirus humain (HPV)	209
Sida	209

Les maladies à transmission vectorielle

Maladie de Lyme (borréliose de Lyme)	210
Paludisme (malaria)	
En prévention des crises	210
En cas de crise	210
Dengue et chikungunya	211

Les maladies musculosquelettiques (ou troubles musculosquelettiques)

Épicondylite	211
Lombalgie	211
Syndrome du canal carpien	212
Tendinite de la coiffe des rotateurs de l'épaule et bursite sous-acromiale de l'épaule	212

La grossesse, l'accouchement et l'allaitement

Favoriser le travail de l'accouchement	212
Allaitement	213
Crevasse	213
Engorgement mammaire	213
Dépression post-partum	213
Retrouver son corps après l'accouchement	214

Autres situations

Greffe et prothèse	214
La crise suicidaire (accompagner la désespérance)	215

Conclusion	216
Index	216